誰でもできる！中1ギャップ解消法

週1回10分で続けられる
Slimple
（Slim & Simple）
プログラム

名城大学教授
曽山和彦 著

教育開発研究所

❖ はじめに
　これならできる！「Slimple（Slim & Simple）」実践の薦め
　　　　　　　　スリンプル

　「笑顔で学校生活を送る子どもたちを育てたい！」…このことは、教師であれば誰もが願っていることでしょう。しかしながら、現在の学校には、不登校やいじめ等に直面し、笑顔が消えている子どもたちが多くいます。特に、私が以前から気になっているのは、小学校6年生から中学校1年生にかけて、学校への適応状況が悪化（不登校、いじめの数値増加）する中1ギャップの問題です。

　私は、かつての県立学校教師としての経験、及び先行研究の知見から、不登校やいじめに代表される学校不適応問題は、子どもの「かかわりの力」不足に起因するという仮説を立て、特に、「自尊感情」「ソーシャルスキル」の育成に焦点を当てた予防・改善策の検討を行ってきています。その過程で課題として見えてきたのは、いくら良い方策であったとしても学校・教師が負担感を感じたならば、その取り組みへの一歩を踏み出すことは難しいということでした。

　そこで、私は、「教師であれば誰もが日常的に活用できるスリム＆シンプルな『かかわりの力育成プログラム』を開発する」という目的のもと、愛知県を中心に全国各地約20校の小・中学校の協力を得ながら、実践データの収集・分析を重ねてきました。そのプログラム構成がおおよそ定まった昨年度、折りしも協力校の一つである鳥取県鳥取市立桜ヶ丘中学校の中1不登校がゼロになったという嬉しいニュースが、地方紙の紙面を飾りました（「日本海新聞」平成29年10月18日朝刊）。市内では有数の大規模校、かつ数年前までは生徒指導の難しい事例が多く顕在化していた桜ヶ丘中学校の生徒がプラスに変容したという事実を関係者だけに留めておくのは惜しいことです。それゆえ、「桜ヶ丘中学校の実践を『核』に据え、協力校の実践で『核』を支えながら中1ギャップ予防・改善に向けたプログラムを提言したい」…この思いが本書の執筆につながりました。

　本書タイトルには、「スリム＆シンプル」を合わせた造語「Slimple（Slim & Simple）」を掲げました。日々、学習指導・生徒指導等、多くの教育活動

に携わるなか、新たな取り組みへの一歩をなかなか踏み出しにくい状況に置かれた先生方であったとしても、「これならできそうだ」と気持ちが動いてほしい…そういう願いをタイトルに込めました。

　以前、私は、教育カウンセリングの師である國分康孝先生から、「君の特色は『体験ベースの概念化』能力にある。この線で本の執筆を続けていくとよい」というお言葉をいただきました。師の言葉を大切に、少しずつ書き綴った本書が、子どもたちに真摯に向き合う先生方にとっての「応援」の一つとなりますように…。

※なお、本書はJSPS科研費17K04888の助成を受け、研究への協力をお願いした複数の学校の実践・データ等をもとに書き上げたものです。各校の先生方に心より感謝申し上げます。

はじめに・3

§1　不登校・いじめ解決の「王道」

1．気になる子どもたちの姿と教師に求められること・10

2．学校不適応と「かかわりの力」・11

3．学校不適応と中1ギャップ・13

4．提言；不登校・いじめ解決の「王道」・15

§2　「中1不登校ゼロ」を生んだ桜ヶ丘中学校の実践

1．二人の校長先生との出会いによって生まれた実践・18

2．桜ヶ丘中の実践；「桜咲タイム＆桜咲トーク」・19

3．中宇地校長＆高藤教諭＆曽山座談会・22

4．1年生における「桜咲タイム＆桜咲トーク」の効果・32

5．新聞での紹介と卒業生の声・37

§3　小中連携「Slimple」プログラム

1．「Slimple」プログラムが生まれるまで・42

2．「Slimple」プログラムの特徴と基本構成・44

3．週1回短時間グループアプローチ：「○○タイム」の展開例と留意点・45

4．ワークシート例・53

5．各授業場面等におけるペア・グループ活動の指導案例と展開例・60

6．様々な教材・資料の工夫例・64

7．プログラム実施のQ&A・66

8．プログラム実践の効果と課題・69

9．お薦め！「Slimple」プログラム実践校・77

§4 「Slimple」プログラムを支える七つの技法

1．ソーシャルスキル・トレーニング・80

2．構成的グループ・エンカウンター・81

3．アイメッセージ・82

4．勇気づけ・83

5．リフレーミング・84

6．リソース探し・85

7．例外探し・86

§5 子ども・教師を応援する七つの理論

1．「ハンカチ」理論・88

2．「グローブ」理論・89

3．「穴の空いたコップ」理論・90

4．「機織り」理論・91

5．「現実の打ち出の小槌」理論・92

6．「2本のアンテナ」理論・93

7．「泳力&浮き輪」理論・94

§6 学校に「Slimple」プログラムという「文化」を創る

1．「文化」を創りあげた学校；依佐美中学校・96

2．保護者と共に「文化」醸成に向かう学校；吉田小学校・100

§7　各地に「Slimple」プログラムを拡げる

1．研究発表会から飛んだ「綿毛」・108
2．生徒指導の3機能と「託東タイム＆たくトーク」・109
3．託東タイム＆たくトークの成果〜研究発表会参観者の声から〜・111
4．一枚岩実践へのヒント〜託麻東小の先生方の声から〜・112
5．校長先生の言葉；「漢方薬」と「妙薬」・114
6．今後の託麻東小に期待すること・115

§8　演習関係資料

1．質問ジャンケン・118
2．二者択一（どちらをえらぶ）・122
3．アドジャン・126
4．いいとこ四面鏡（いいとこみつけ）・131

引用・参考文献・138

おわりに・141

§1 不登校・いじめ解決の「王道」

——不登校・いじめ解決の「王道」（最も正統的な道）は既に見えています。それは、子ども・教師にとって負担感の少ない「かかわり体験の場」を意図的・日常的に用意すること。本章では、その具体方策である「Slimple」プログラム提言の背景とプログラムの骨子について紹介します。

1

不登校・いじめ解決の「王道」
~子どもたちの「かかわりの力」育成と小中連携~

1. 気になる子どもたちの姿と教師に求められること

　「人が人になるには人が必要である」…この言葉は、亡き師、國分康孝先生のご講演で学んだと記憶しています。これまで35年間の教師生活を振り返ると、小学生から大学生まで様々な年齢段階の児童・生徒、学生との「かかわり」が、教師としての私を育ててくれたのだという思いがあります。それゆえに師の言葉は、今、私のなかで確かな実感を伴い、うなずける言葉として大切なものになっています。

　全国各地の学校を訪問・参観し、先生方の悩める声として多く耳にするのは、子どもたちの「自尊感情；自己評価の感情」「ソーシャルスキル；人付き合いの技術・コツ」の低さ・乏しさです。この二つは「かかわりを通してしか育たない」ため、家庭・地域での「かかわり」が激減している現代社会においては、必然的に生ずる問題であると言えるでしょう。先行研究（石川ら．2007）の知見を紐解くと、「今やソーシャルスキルは自然の時間経過では育たない」とありますが、私はその知見に「自尊感情も同様に育たない」という文言を加えたいと考えています。

　子どもを囲む家庭・地域の状況が変わったことを嘆いても、子どもの「かかわりの力」やその構成要素である「自尊感情」「ソーシャルスキル」が育つわけではありません。今こそ私たち大人は、それぞれの立場、役割に応じて「かかわりを通して、人を人に育てる」という覚悟をもち、子どもたちの前に立つことを求められているのではないでしょうか。なかでも、子どもの「人格完成」という使命を担う（教育基本法第1条；教育の目的）仕事を選んだ私たち教師はより強い覚悟が問われる存在と言えるでしょう。このような「使命・覚悟」の重さに押しつぶされないよう、教師は「チーム学校」として校内外を含めた連携・協力体制を敷き、知恵を出し合うことが必要です。幸いにして、学校は以前と変わらず、「子どもがいる場所・集まる場所」です。この「集団」という財産をフルに活用しながら「かかわり体験」

を用意することは工夫一つでいくらでも可能です。家庭・地域に、かつてのような「集団」が消えつつある今、私は「人を人にすることのできる最後の砦は学校である」と捉え、その「砦」を守る教師の一人としてこれまでの経験・知見を総動員して子どもに向き合いたいと考えています。「では、あなたはどのように向き合うつもりですか？」と問われたとするならば、その答えが、本書で提言する「Slimple」プログラムです（§3参照）。

2. 学校不適応と「かかわりの力」

　不登校・いじめ等、子どもたちの「学校不適応」問題は、長年に渡り、教師、研究者、保護者等が知恵を絞り、その解決に向き合ってきているにもかかわらず、いまだ状況は好転しません。むしろここ数年は不登校児童・生徒数、いじめ認知件数とも連続して増加している状況にあります（図1・2、文部科学省．2018）。

　学校不適応に関する研究としては、特に、児童・生徒のストレス反応（抑うつ・不安、不機嫌・怒り、無気力、身体的反応）に焦点を当てた研究のな

図1

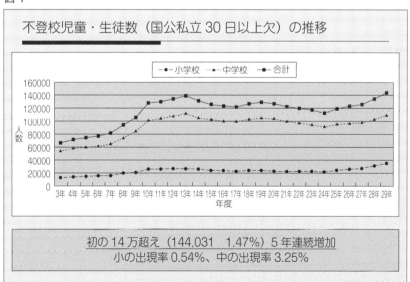

図2

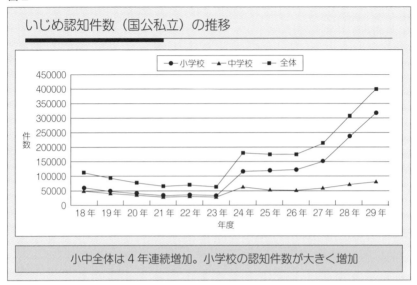

いじめ認知件数（国公私立）の推移

小中全体は4年連続増加。小学校の認知件数が大きく増加

かに、その予防・解決に向けたヒントが多く示唆されています（川西．1995、戸ヶ崎・岡安・坂野．1997、嶋田．1998）。先行研究の知見を参考に、私は、児童・生徒のストレス反応を規定する要因として、「自尊感情」「ソーシャルスキル」の二つを想定し、統計処理による分析・検討を行いました（曽山．2010）。身体の変化に伴い、心が大きく揺れ始める「思春期」開始に相当する小学校高学年児童194人を対象に、「自尊感情」「ソーシャルスキル」「ストレス反応」を測定する質問紙調査を実施・分析した結果、自尊感情・ソーシャルスキルの2要因で、ストレス反応の約4割（決定率36%）を説明できることが示されました（図3；片方向矢印の数値の大きさからソーシャルスキルの方がストレス反応により強く影響を及ぼすことがわかる。また、双方向矢印の数値から自尊感情とソーシャルスキルの間にある程度の相関関係があることがわかる）。このような研究結果から、私は、「かかわりの力」の構成要素である「自尊感情」「ソーシャルスキル」を育むことで、ストレス反応の軽減、すなわち学校不適応の予防・改善をはかることができるのではないかと考えています。

図3

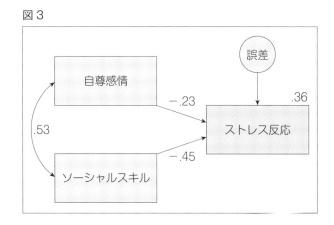

3. 学校不適応と中1ギャップ

　中1ギャップとは、「小学校から中学校に入学した1年生が、大きな段差や壁を感じとり、中学校生活に溶け込めない状況」(児島・佐野．2006)「小学校から中学校1年生に進級したとき、学習や生活の変化になじめずに問題行動等が増加する状況」(有村．2011)のことであり、学校現場において予防・解決が求められている課題の一つです。文部科学省調査(2018)によれば、小学校6年生から中学校1年生にかけての不登校、いじめの数値増加という結果が示されています(図4・5)。私自身、学級適応感に関する研究として、全国各地の複数の小学校6年生、中学校1年生、計2,508名を対象に比較分析をしたことがありますが、その結果、中学校1年生の適応感の低さが明らかになっています(曽山．2013)。

　この中1ギャップ予防・解決に向けた提言として、児島・佐野(2006)は、中学校入学時の「ガイダンス機能の充実」の必要性を述べています。すなわち、「学習活動など学校生活への適応、好ましい人間関係の形成、学業や進路等における選択、自己の生き方などにかかわって、生徒がよりよく適応し、主体的な選択やよりよい自己決定ができるよう、適切な情報提供や案内・説明、活動体験、各種の援助・相談活動などを学校として進めていく」ことで、中学校生活に慣れ、不安を払拭することができると述べ、その具体

図4

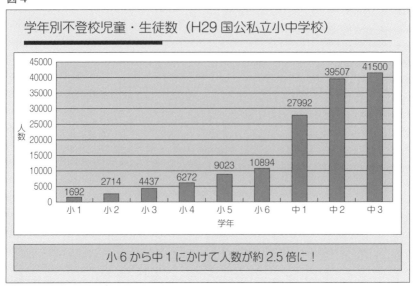

図5

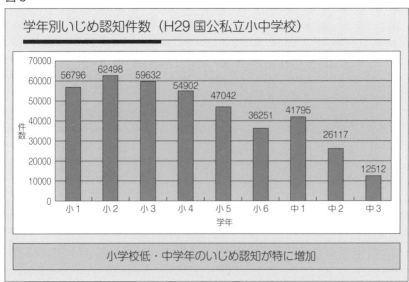

方策として、中学入学後を見越し、小学校段階での「小・小連携」「小・小合同授業実施」を提言しています。また、渡辺（2015）は、今日の子どもたちに欠けているのは「3間（仲間・空間・時間）」であり、その3間で得られたはずの学びを取り戻すために、ソーシャルスキルを教育する必要があると述べています。

4. 提言；不登校・いじめ解決の「王道」

　ここまで述べてきたように、現代の子どもたちの姿を捉え、学校不適応に関する研究・実践によって得られた知見を鑑みれば、不登校・いじめ解決の「王道」が既に見えている、と私は考えています。王道には様々な意味がありますが、私は本書のなかで、「最も正統的な道」（『明鏡国語辞典』）という意味合いで用いていきます。不登校・いじめの解決には様々な「道」があることでしょう。しかし、それらの「道」のなかで最も太い「道」、もしくはまずは歩くといい「道」を以下、提言します。

提言；不登校・いじめ解決の「王道」

　校区内小・中学校が「小中連携共通実践事項」として、子ども・教師にとって負担感の少ない「かかわり体験の場」を、以下のように意図的かつ日常的に用意する。

1. 週1回短時間グループアプローチを実施する（＝かかわりの花火を打ち上げる）
2. 各教科等の授業場面におけるペア・グループ活動を導入する（＝花火の火をリレーする）

　この「王道」を具体的な形にしたものが、本書の「核」となっている「Slimple」プログラムです（§3参照）。今、私の考えに賛同し、共に実践研究に携わってくださっている学校が、東海3県（愛知・三重・岐阜）を中心に熊本、鳥取、島根、高知等、20校を超えて増えつつあります。皆さん、いかがでしょうか？　子どもたちが笑顔で過ごすことができる学級・学校づ

くりを目指し、私と一緒に考えていきませんか？　お声をかけていただけるならば、日程を調整し、どこへでも駆けつけます。

§2 「中1不登校ゼロ」を生んだ桜ヶ丘中学校の実践

——「生徒指導困難校」と言われた時期もあった中学校の生徒が変わり、教師が変わり、今、素晴らしい学校が生まれつつある…それが桜ヶ丘中に対する私の印象です。本章では、「Slimple」プログラム実践校のなかで「最も旬な学校」である桜ヶ丘中の実践について紹介します。

2

「中1不登校ゼロ」を生んだ桜ヶ丘中学校の実践

1. 二人の校長先生との出会いによって生まれた実践

　鳥取県鳥取市立桜ヶ丘中学校（鳥取市桜谷、中宇地昭人校長）は、全校生徒587人、1年生180人、6学級、2年生188人、6学級、3年生194人、6学級、特別支援学級（知的・情緒・肢体不自由）25人、5学級からなる市内3番目の大規模校です（平成30年7月1日現在）。

　私が初めて桜ヶ丘中を訪問したのは、2015（平成27）年11月16日。「平成27年度鳥取県教育センター教科・領域指導力向上ゼミナール」が桜ヶ丘中で開催された時です。その際の講演「ソーシャルスキル・トレーニングの理解と指導のあり方」を、たまたま当時の中嶋聖校長先生が聴いてくださいました。中嶋校長先生は「この実践こそ本校生徒に必要」と共感してくださるとともに、次年度から全校体制の実践とするための啓蒙的な校内研修を翌年2月26日に企画・開催してくださいました。その時の講演テーマは「ソーシャルスキル・トレーニングを活用した学級づくり」。今でも思い出すのは、会場に集まった約50名の先生方の表情が真冬の外気同様ピリピリして厳しかったことです。おそらく先生方は「この忙しい学校現場に何をまた導入するのだろうか」という不安を感じていたのだろうと思います。そうしたなかでも、「桜ヶ丘中はこの針路をとる！」という中嶋校長先生の熱い想いと確固たるリーダーシップがあったからこそ、桜ヶ丘中という「大きな船」がゆっくりと動き始めたのだと思います。続く平成28年度から「新船長」として着任されたのが中宇地昭人校長先生。中嶋校長先生同様、熱い想いと確固たるリーダーシップで「船」の舵をとられ、3年間、「船」は大きく揺らぐことなく長い距離を航行した…そのような印象を私はもっています。

　現在、私は所属部署のセンター長という立場にあり、リーダーシップの発揮に日々苦闘しています。それだけに、中嶋・中宇地両校長先生のリーダーとしての凄さが実感としてわかります。お二人のお力により素晴らしい実践が生まれ、その実践にかかわらせていただいた幸運に感謝しています。

2. 桜ヶ丘中の実践；「桜咲タイム＆桜咲トーク」

桜ヶ丘中は、私が§1で提言した「王道」、すなわち、「1．週1回短時間グループアプローチを実施する（＝かかわりの花火を打ち上げる）」「2．各教科等の授業場面におけるペア・グループ活動を導入する（＝花火の火をリレーする）」を以下のように丁寧に「歩いて」います。

(1) 短時間グループアプローチ；桜咲タイム

ソーシャルスキル・トレーニング（Social Skills Training、以下SST）と構成的グループ・エンカウンター（Structured Group Encounter、以下SGE）のねらいを統合したグループアプローチを「桜咲タイム」と名付け、各学級担任が、水曜日5校時終了後の10分間実施しています。桜咲タイムのルールは、「お願いします＆ありがとう」「首をたてにふって聴く」「指示をしっかり聴く」の三つであり、各活動時には、「今日のポイント」も併せて示しています。各活動は3～4人の小グループで行うことが基本。また、全教員が同じ方向を向きながら実践を展開できるよう、「桜咲タイム確認事項」（表1）を活用しています。なお、平成29年度の年間計画は表2のとおりです。年度最初の職員会議で、校長先生による「桜咲タイムは最優先事項。何があってもカットしないように」という方針の伝達があるからこそ、ほぼ毎週、桜咲タイムが実施されています。桜咲タイムで行う演習（エクササイズ）は、主に「アドジャン」「二者択一（どちらをえらぶ）」「いいとこ四面鏡（いいとこみつけ）」の3種類。これらを繰り返し行うことで、教材作成の負担感を減らすようにしています。生徒の興味・関心を持続させるための工夫としては、「グループメンバーチェンジ」「お題アレンジ」「教師チェンジ」等を行っています。

(2) 各授業におけるペア・グループ活動；桜咲トーク

前述の週1回実施の桜咲タイムのみでは、生徒の自尊感情、ソーシャルス

表1 桜咲タイム確認事項

桜咲タイム　確認事項（桜ヶ丘中学校）

ア　できている　　イ　概ねできている
ウ　あまりできていない　　エ　できていない

〈活動前の指導・指示〉

1　（黒板に掲示する）3つのルールの確認が毎回できている。	
2　3つのルールを黒板の真ん中に掲示できている（している）。	
③　略案の「ねらい」、「今日のポイント」に目を通し、そのことを生徒に意識させている。	
4　ルールの確認や活動内容の説明は、机を前にしたままで行っている。	

〈班の作り方について〉

⑤　机を班にする時、3～4人の少人数で行っている。	
6　なるべく音を立てさせず机を運ばせている。	
⑦　机を隙間なく、くっつけさせている。（欠席者の机を含む）	

〈班活動について〉

⑧　初めと終わりのあいさつができている。	
9　エクササイズの時間・トークタイムの時間（各90秒）を確保できている。	

〈振り返りの時間〉

10　振り返りは、簡単な一言感想にならないように指導できている。	

表2 平成29年度桜咲タイム年間計画

	実施日	内容		
		1年	2年	3年
第1回	4月12日	バースディチェーン		
第2回	4月25日	ネームゲーム	バースディチェーン	バースディチェーン
第3回	4月26日	アドジャン	アドジャン	アドジャン
第4回	4月28日	二者択一	二者択一	二者択一
第5回	5月10日	アドジャン	アドジャン	アドジャン
第6回	5月17日	アドジャン	アドジャン	アドジャン
第7回	5月24日		アドジャン	アドジャン
第8回	6月14日	アドジャン	アドジャン	アドジャン
第9回	6月21日	二者択一	二者択一	二者択一
第10回	7月5日	二者択一	二者択一	二者択一
第11回	7月19日	いいとこ四面鏡	いいとこ四面鏡	いいとこ四面鏡
第12回	8月30日	アドジャン	二者択一	二者択一
第13回	9月13日	二者択一	アドジャン	アドジャン
第14回	9月19日	アドジャン	アドジャン	アドジャン
第15回	9月20日	アドジャン	アドジャン	二者択一
第16回	9月27日	二者択一	二者択一	二者択一
第17回	10月11日	全校オリエンテーション		
		アドジャン	アドジャン	アドジャン
第18回	10月18日	アドジャン	アドジャン	アドジャン
第19回	11月8日	アドジャン	アドジャン	アドジャン
第20回	11月15日	アドジャン	アドジャン	アドジャン
第21回	11月22日	アドジャン	アドジャン	アドジャン
第22回	11月29日	アドジャン	アドジャン	アドジャン
第23回	12月13日	アドジャン	アドジャン	アドジャン
第24回	12月20日	いいとこ四面鏡	いいとこ四面鏡	いいとこ四面鏡
第25回	1月10日	アドジャン	アドジャン	アドジャン
第26回	1月17日	アドジャン	アドジャン	二者択一
第27回	1月24日	アドジャン	アドジャン	アドジャン
第28回	2月7日	アドジャン	アドジャン	アドジャン
第29回	2月21日	アドジャン		いいとこ四面鏡
第30回	3月14日	いいとこ四面鏡	いいとこ四面鏡	

キルを育成・向上させることは困難です。それゆえ、桜咲タイムで焦点を当てた、「お願いします&ありがとう」「首をたてにふって聴く」「指示をしっかり聴く」という三つのルールを、各教科等の授業場面でも意識させることで自尊感情、ソーシャルスキルの育成・向上につながるのではないかと考えています。具体的には、ペア・グループ活動を行う際、「それでは、ペアでの桜咲トーク開始！」「普段の桜咲タイムのようにお互いの話を聴き合いましょう！」等、声をかけるようにします。そして、活動の終了時には、「お互い、相手の話をよく聴いていたね」等の「価値付け」（褒める・認める）を軽く入れるようにします。

3. 中宇地校長＆高藤教諭＆曽山座談会；実践の成果と課題

　実践が正式にスタートした平成28年度の成果と課題について振り返るために、中宇地昭人校長先生、実践統括リーダーの高藤淳子先生、私の3人で、2017（平成29）年3月22日、座談会を開きました。

◆グループアプローチ導入の経緯

曽山　本日はよろしくお願いいたします。あらためて、桜ヶ丘中がグループアプローチの手法を実践に取り入れた経緯を教えていただけますか？

中宇地　私は、平成23年度から3年間桜ヶ丘中の副校長を務め、最後の年は中嶋校長のもとで働きました。当時、生徒指導上、最も大変だったのは

1年生です。校区内4小学校の地域性、家庭環境（核家族、3世帯等）、学校規模等の違いが、入学直後の人間関係にひずみを生み、トラブルが多発したのではないかと考えていました。平成28年度から桜ヶ丘中の校長を務めることとなり、前校長からは「人間関係づくりに力を入れたい。講師は曽山先生にお願いしている」という引き継ぎを受けていました。

曽山 平成27年11月、鳥取県教育センター主催のゼミナール研修が桜ヶ丘中で行われた際、たまたま中嶋校長先生が、私の話を聴いてくださったこと。あの時の「偶然」が今につながったのだなぁと思うと「ご縁」を感じます。その時のゼミナール生が高藤先生でしたね。高藤先生は、ゼミナールで学んだことをご自分の学級で活用していたのですか？

高藤 はい。アドジャンなどの演習を自分の学級（1年生）で月に1度、学活の時間を活用して試したり、同学年の先生方に紹介したりしました。

曽山 学級の雰囲気や生徒の変化はありましたか？

高藤 学級は大きなトラブルはないものの、生徒同士がギスギスしてホンネをお互いに言いにくそうな雰囲気がありました。その背景には、複雑な家庭環境の生徒や支援の必要な生徒が多かったということがあるかと思います。演習を行ってみての生徒たちの変化としては、振り返りの感想のなかに少しずつ良いことが書かれるようになったというのはあります。

曽山 校長先生がグループアプローチに期待することは何でしょうか？

中宇地 最も期待するのは、生徒同士が話し合い、会話ができるようになることです。ただ仲良くなる「なぁなぁ」の関係では本当の学習は成り立ちません。学習の場は公的な場でなければならないと考えています。「挨拶、○○です。○○します、お願いします」等のソーシャルスキルは公的な場でも必要になってくるものです。そうしたスキルを身につけることで、将来、見ず知らずの人にも伝えたり、話を聴いたりする「本当のコミュニケーション」ができる生徒が育つのだと考えています。今はまだ、本校生徒は学習場面での話し合いがほとんど成立しない状況なので、ソーシャルスキルを育むこともねらったグループアプローチは、やがて教科の学習場面にも転用できる、アクティブラーニングにもつながると感じました。

曽山 グループアプローチを全校体制として取り組むために意識されたこと

はどのようなことでしょうか？

中宇地　具体的なやり方については、副校長、教務主任、高藤先生で話し合い、大枠はできていたので、「とにかく曽山先生の考えに沿って、愚直に回数をこなしていこう」と年度当初の職員会議で話をしました。

曽山　校長先生の決意が先生方に伝わり、28年度のより良いスタートにつながったのですね。そうしたなかで実践を始めるにあたり、何か難しい問題もありましたか？

中宇地　曽山先生のゼミナール受講生であった高藤先生以外は、グループアプローチについて知らないという問題がありました。そこで、「年度スタートにあたり、まずは先生方にやり方を伝えてほしい」というところからスタートしました。

◆実践過程での困難さ

曽山　高藤先生が先生方にグループアプローチについて講義・演習を行ったということですね。先生方の反応はいかがでしたか？

高藤　教育センターの研修等で曽山先生の話を聴講した先生が数人いました。そのため、わりとすんなりと先生方には受け入れてもらえたように思います。また、「1時間の学活を使うのではなく、水曜5校時終了後の10分間だけ行う」ということで、先生方はそれほどの負担はないと感じ、安心したのだと思います。

曽山　生徒に対してはどのようにグループアプローチを導入したのですか？

高藤　校長が「数日間連続でやってみたらどうか」と提案してくださり、まずは、約600名の生徒を前に、全校集会オリエンテーションのなかで「活動のねらいと概要」を説明しました。生徒は「学級で毎週友だちとかかわりながら何かゲームをするんだな」という受け止めをしたようです。その後、各学級に戻り、担任が「ネームゲーム」を実施しました。ただ、1回目を終えて、「もう少し時間を長くとった方がよい」という感想が担任から聞こえてきたので、翌日から4日間連続で、15分の体験をしてもらいました。

曽山　各学校では、グループアプローチの導入にあたり、どのようにしたら

スムーズにスタートできるのかという悩みがあるようです。その悩みを解消する、とても参考になる情報をありがとうございます。

◆全校体制構築に向けた具体方策と成果

曽山　桜ヶ丘中の実践は「一枚岩」と感じています。なかなか「一枚岩」になれない学校がありますが、「一枚岩」を作りあげるための具体方策をもう少し教えていただけますか？

中宇地　私が、年度最初の職員会議のなかで「時間は必ずとること」「この週はカットしたいという思いもあるだろうが、優先順位の一番に置くこと」「とにかく愚直に実践する。うまくやれなくても慣れることが大事」と伝えました。また、方法がシンプルゆえに、担任の力量の差が出ないことが「一枚岩」作りにはうまく機能したのだと感じます。また、本校が「一枚岩」になっていったのは、毎回、高藤先生が丁寧に活動への準備をし、ポイントを繰り返し先生方に伝えたからです。そうでなければ全校が「一枚岩」にはならなかったと思います。

曽山　高藤先生が実践リーダーとして動かれていますが、「実働チーム」のようなものがあるのでしょうか？

中宇地　今のところ、そのようなチームはありません。高藤先生が進め、管理職がそれをバックアップしています。各学年の活動の微調整は特活部の代表教員が行っています。高藤先生の後を継ぐ教員はまだいませんが、データは全て保存してあるので、誰が担当になってもそれを使えるだろうと思います。

曽山　グループアプローチとしての桜咲タイムは時間割に組み込んでいますが、やはり、そうした「枠組み」は大事ですか？

中宇地　教育課程の「枠」としてしっかり入れるのがとても大切です。「何曜の何時間目」と決めると、教員は崩すことはできません。「枠」を設定すると続けざるを得ない状況が生まれます。その後は、高藤先生が基本的なことを申し伝えながら、「枠」の形を整えています。

曽山　桜咲タイムのルールの明文化も実践の先進校である愛知県刈谷市立依佐美中学校と一緒ですね。

中宇地　依佐美中を参考に三つのルールを定めています。全ての教員がそのルールを使い、アレンジすることなく、生徒に伝えるようにしています。本校では、桜咲タイムについての「10の確認事項」（20頁の表1参照）を作成し、「一枚岩」にヒビが入らないよう、留意しています。

曽山　毎回の活動に際し、「今日のポイント」を生徒に伝えているようですが、どのようにそのポイントを決めているのですか？

中宇地　高藤先生が各学年の様子を見ながら決めています。1年生にはこのポイントを大切に、3年生にはこのポイント…というように各担任に伝えています。

◆生徒の変容

曽山　この1年の実践を経て、生徒の変容はどうでしょうか？

高藤　各教科の授業で、桜咲タイムの三つのルールをリンクさせるようにしたら、お互いに話をしようという雰囲気が出てきました。また、おとなしい生徒に、「どう？」と促す生徒が出てきました。また、「桜咲タイムのグループになって」と指示すると、さっと動けるようになってきました。

中宇地　校内を廻ってみて、一番落ち着いたのは3年生、次が1年生です。2年生はまだ少し学級の雰囲気に重さがあります。3年生は桜咲タイムを楽しみ始め、卒業式直前まで「アドジャン」等をやっていました。全体的には、今までの桜ヶ丘中とは違い、生徒同士のスムーズな話し合い活動ができるようになってきました。とにかく、活動を継続するという「慣れ」の大きさを感じます。当初、少しずつ活動の「枠」が定着できればよいと考えていましたが、生徒も先生方も私の思いの「先」まで行ってくれたと思います。

曽山　桜咲タイムの演習はどんなものを行ってきたのですか？

高藤　アドジャンが中心です。そして、学期の最後には、いいとこ四面鏡（いいとこみつけ）です。生徒は初めのうち照れていたのですが、だんだ

ん慣れて、年度末には本当に嬉しそうでした。その喜び方は担任が驚くほどでした。生徒の感想のなかに、「人からあまり褒められたことがない」というものもあり、様々な場面で褒めていたと思っていた私たち教員にとっては衝撃的でもありました。先生方皆で、「生徒をもっと褒めたり、認めたりしなければ…」と反省しました。

中宇地 私も、四面鏡のシートを見て喜んでいる生徒の姿が、ちょっとした驚きでした。これほど、友だちからの「評価」というのは嬉しいものなのかと…。1年生の頃から「鎧」を着て、周りからのかかわりをブロックしているかのように見える生徒もいましたが、友だち同士のかかわりで、表情が柔らかくなってきている姿を見て、桜咲タイムのような活動は、当初考えていた以上に大切なものであると実感しています。

曽山 家でも地域でも言葉をかけられる機会が減り、さみしく思っている生徒がいるのかもしれませんね。いいとこ四面鏡（いいとこみつけ）は大学生にも大人気の演習です。「友だちの声が宝になる」と言っている学生も多くいます。中学生ならなおさらでしょうね。桜咲タイムで大切にしていることは、各教科等の場面にも拡がってきているのでしょうか？

高藤 年度末、先生方に活用状況のアンケートを行ったところ、何人かの先生がペア・グループ活動の際に「桜咲タイムのように話し合ってみよう」等の声をかけているとのことでした。また、生徒会の委員会活動の際にも同じように声をかけているそうです。ペア・グループ活動に入ると、生徒は自然に身体の向きを変え、相手の話を聴く態勢をとるようになってきました。来年度は、桜咲タイムという「かかわりの花火」の火を、各教科等の

場面に「リレー」するという意識で、全校的な取り組みに進めそうです。

◆教師の変容

曽山　先生方の変容というのは何かありましたか？

高藤　以前よりも、穏やかな表情だったり、笑顔が増えたり等、生徒の前に立つ時の「姿」が変わってきているように感じます。桜咲タイムを先生方が楽しめるようになってきているのも確かです。

中宇地　各教科等の授業のなかで、生徒に話し合い活動をさせることへの抵抗感がなくなったと思います。以前は、「話し合いをさせても上手くいかない」という思いがあったのが、その思いが消えてきているのではないかと思います。また、生徒への大きな声での叱責、高圧的な物言いもなくなってきました。そのため、生徒との関係がとても良くなり、お互いに、へんな「堅さ」がほぐれたようにも感じます。

曽山　かかわり実践の先進校である依佐美中でも、当初は生徒同士のかかわりを促すねらいで行っていたよさっぴタイムが、いつのまにか生徒と教師のかかわりを促すことにもなっていたという例があります。桜咲タイムも同じですね。

◆小中連携具体方策の手応えと課題

曽山　これまで、校区内4小学校の卒業生が集う1年生での人間関係トラブルが多くあったということですが、小中連携の具体方策として、どのようなことを行ってきたのでしょうか？

中宇地　私は桜ヶ丘中学校長に着任する前年度までは、校区内の米里小学校長を2年間務めていました。その2年目、平成27年の6月初旬、桜ヶ丘中学校区小中連携振興会合同研修会で中学校1年生の公開授業を参観した時、「私語の多さ、教師への言葉づかいの悪さ、他者を揶揄する発言」等、新入生とは思えないほどの態度の悪さに大きな衝撃を受けました。そして、これまで以上に小小連携、小中連携が必要であると考え、まずは、4小学校の連携からスタートを切りました。具体的には、10月に「4小学校が共通して指導する項目とご家庭へのお願いについて」を作成・配布す

ることで桜ヶ丘中学校区共通「児童・生徒の標準（スタンダード）〜四つのスタンダードをあたりまえに〜」の取り組みをスタートさせました。四つのスタンダードとは次の4指標です（中宇地．2018）。

> ①返事・挨拶ができる
> ②正しい言葉づかいができる
> ③すすんで掃除ができる
> ④学校や学級のルールや先生との約束ごとを守る

　この取り組みは平成28年度から桜ヶ丘中学校も含め、中学校区9ヵ年で身につけたいスタンダードとして取り組んできたところです。

曽山　ちょうど、そうした「スタンダードの取り組みと桜咲タイム」の二つが施策として同時期に桜ヶ丘中では揃ったということですね。これらの施策の具体的な手応えというか、成果というものはどのようなものが挙げられますでしょうか？

中宇地　生徒の年間問題行動発生件数に大きな変化が生じました。特に1年生の人間関係上のトラブルが多発していたことが、本校特有の問題でしたが、暴力行為、いじめなど人間関係上のトラブルが激減しました。参考までに学校全体の問題行動発生件数をグラフに整理しましたのでご覧ください（図1）。二つの施策が取り組みとして揃った平成28年度の数値（件数）が大きく減少したことが見てとれると思います。

曽山　素晴らしい成果ですね。今後の小中連携の施策としては、その他にもお考えになっていることはありますでしょうか？

中宇地　平成29年度から、これまでの連携組織を見直し、小中兼務教員を核として小中連携を強化していくことを考えています。校区1中学校4小学校の教務主任、研究主任、生徒指導主事、人権教育主任、特別支援教育主任、教育相談担当、児童会・生徒会担当、保体主事・養護教諭を小中兼務教員として発令する予定です。このメンバーが小中連携の核となり、桜ヶ丘中学校区を9ヵ年の義務教育学校として充実させていくことをねらっています。イメージ図を作成しましたのでご覧ください（図2）。

図1 学校全体の問題行動発生件数

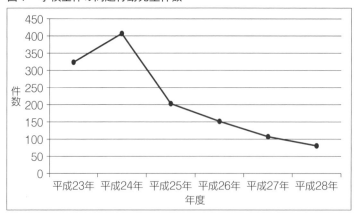

図2 小中連携及び小小連携のイメージ図

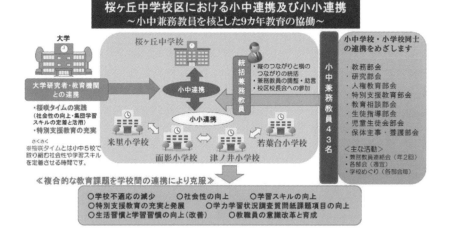

曽山　私は「大学研究者」として、これからも実践のお手伝いをさせていただきますね。私は特別支援教育が専門であるので、そちらの面でもお手伝いできることがあるかもしれません。必要があれば、いつでもお声かけください。ところで、今年度からスタートした桜咲タイムの取り組みについて、4小学校の先生方はどのように捉えているのでしょうか？

中宇地　小中連携の授業づくり部会が12月にアンケートを実施したところ、中学校の方が小学校よりも授業内のペア・グループ活動が多いという結果

が示されました。この結果に、小学校の先生方は驚くとともに、今後の授業改善の方向性を見据え、動き始めねば…と危機感をもったようです。そこで、3月に、高藤先生に4小学校の6年生に対して、「出前授業（20分）」の形で、アドジャンを実施してもらいました。

曽山 やはり、実際に「してみせる」ということが大切ということですね。

中宇地 曽山先生の講演を聴き、多くの教師がその場では納得します。しかし、実際にはなかなか一歩を踏み出せない状況がありました。しかし、高藤先生が実際に小学生に「してみせる」。そして、その上で、「来年からは学区内の小学校が全て同じようにしていきましょう」と伝えたことが、スムーズな連携につながったのだろうと思います。桜咲タイムの売りは、手間なくやれるということ。生徒も教師も負担感なく取り組むことができるということは外部に対して発信しやすいポイントでもあり、今後、校区外でも多くの学校が取り入れるのではないかと思っています。

曽山 桜ヶ丘中の実践が、鳥取県はもちろん、全国各地に拡がっていったら本当に嬉しいですね。

中宇地 桜咲タイムの実践が何故大切かというと、各教科等における話し合い活動の促進につながっていくからです。話し合い活動を活性化する手法としては様々にあるでしょうが、なかなか校内が「一枚岩」になりません。各教師が、それぞれの流儀に応じて活動を展開しても、学校全体として生徒の力が上がるかというとそれも難しいところです。しかし、全員が同じやり方、つまり「型」を取り入れることで、実践が「共通言語」で語られるようになり、学校が「一枚岩」になっていく…このことが今年度1年間の実践を終えて最も強く感じることでした。今、校区内4小学校の校長は、「型」の大切さを理解しています。「様々な理論はあるが、まずはこれを信じて取り組んでみよう」という思いで、校区五つの学校が、大きな「一枚岩」になりつつあります。これからも本校はもちろんですが、校区内の小学校にも曽山先生には来ていただき、私たちの実践について指導・助言をお願いしたいと思います。是非、よろしくお願いいたします。

曽山 鳥取県から講演・研修等のお声かけをいただくようになってちょうど10年になります。これからも私でできるお手伝いは喜んでさせていただ

きます。桜ヶ丘中学校区で学ぶ児童・生徒皆が、笑顔で過ごすことのできる学級・学校づくりを一緒に考えていきたいですね。本日は、お話を聴かせていただきましてありがとうございました。

4. １年生における「桜咲タイム＆桜咲トーク」の効果

「当時、最も大変だったのは１年生です」…座談会での中宇地校長先生の言葉にあるように、桜ヶ丘中の一番の悩ましい問題は、「入学直後の人間関係のひずみから生ずるトラブル」でした。その解決に向けた具体方策として、平成28年度から「桜咲タイム」を全校体制として実施、加えて各教科等のなかでも少しずつペア・グループ活動「桜咲トーク」を導入、さらに校区内４小学校６年生に対し、桜咲タイムの「出前授業（20分）」の試行を行ってきました。

「取り組みに効果はあったのか？」…その答えを得るため、生徒には標準化された心理尺度（Q-U）及び自由記述アンケートを、教師には自由記述アンケートを実施し、エビデンスを積み上げることにしました。以下、表・グラフ内に示されたＡ中学校は桜ヶ丘中です。また、Ｂ中学校は、桜ヶ丘中同様の大規模校であり、同時期に「○○タイム＆○○トーク」を導入したという点で共通していること、両校の違いは唯一「小中連携（小学校６年生への出前授業）の有無」であることから、比較対象校として適切と判断しました。

■学級診断尺度Q-U■
　学級診断尺度Q-Uは河村（1999）により開発された心理尺度であり、次の二つの心理テストから構成される。一つは「学級満足度尺度」であり、学級内で友人等から承認されているか否かと関連する承認得点と、学級内におけるいじめ・冷やかし等の被害を受けているか否かと関連する被侵害得点の二つの因子得点により、児童・生徒の学級への満足度を測定するものである。もう一つは「学級生活意欲尺度」であり、友人関係に関する意欲を把握する友人関係得点、学習への意欲を把握する学習意欲得点、学級関係に関する意欲を把握する学級の雰囲気得点の三つの因子得点（以上は小学生用。中学生用は進路への意欲を把握する進路意識得点、教師関係に関する意欲を把握する教師関係得点が加わる）により、児童・生徒の学校生活における意欲を測定するものである。

(1) 心理尺度アンケート結果から(平成28年6月実施)

両中学校1年生を対象とした調査の有効回答数は、欠席及び記入漏れがある生徒を除き、A中(桜ヶ丘中)183名、B中224名でした。両中学校の6月実施Q-U各得点(友人関係得点、学習意欲得点、教師関係得点、学級雰囲気得点、進路意識得点、学校生活意欲合計得点、承認得点、被侵害得点)について、対応のないt検定により分析した結果、学習意欲得点(両側検定:t(405)= 2.56, p<.05)、教師関係得点(両側検定:t(405)= 2.44, p<.05)、学級雰囲気得点(両側検定:t(405)= 4.18, p<.01)、学校生活意欲合計得点(両側検定:t(405)= 3.03, p<.01)、承認得点(両側検定:t(405)= 4.31, p<.01)、被侵害得点(両側検定:t(405)= 5.23, p<.01)に関して、両校の平均得点に有意差が認められました(表3)。このことから、桜ヶ丘中1年生はB中1年生に比べて学級への満足度、学校生活に対する意欲が高いことが示唆されたと言えます。なお、図3・4には、Q-U各得点の比較がしやすいよう、全国平均得点も加え、グラフとして示しました。このグラフから示唆されるのは、両中生徒とも学級適応状況が良好であるということ。それを生んだのは両中に共通する「○○タイム&○○トーク」の導入なのではないかということ。そして、桜ヶ丘中1年生の適応状況がより良好な

表3 A中(桜ヶ丘中)、B中生徒のQ-U各得点平均値の比較

	A中生徒 N=183	B中生徒 N=224	t値
友人関係	18.53 (1.47)	18.27 (2.02)	1.47
学習意欲	16.49 (2.48)	15.81 (2.81)	2.56*
教師関係	16.10 (2.89)	15.33 (3.50)	2.44*
学級雰囲気	17.93 (2.12)	16.83 (3.20)	4.18**
進路意識	15.01 (3.87)	14.62 (4.36)	.96
学校生活意欲合計	83.96 (9.26)	80.86 (11.40)	3.03**
承認	39.31 (6.00)	36.33 (7.94)	4.31**
被侵害	13.99 (4.66)	16.99 (6.87)	5.23**

( )内は標準偏差　　* p<.05　** p<.01

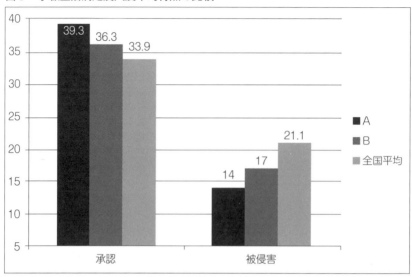

図3 学級生活満足度尺度平均得点の比較

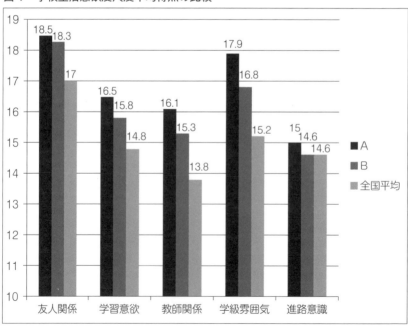

図4 学校生活意欲度尺度平均得点の比較

のは、「小中連携」として入学前、3月に行った「小学校6年生への出前授業」の効果なのではないかということです。
(2) 生徒の自由記述アンケート結果から（平成28年7月実施）

　桜ヶ丘中の1年生に、1学期の終わりに、「桜咲タイムを通して、自分や友だちが成長したと感じること」という問いに対するアンケートへの自由記述を求めました。表4は自由記述の一部を抽出・整理したものです。

　「人の目を見て聴いたり、うなずいたりしようという思いが大きくなった」等、自分自身のソーシャルスキル向上を感じている記述、「桜咲タイムのおかげで人と話せるようになり、クラスにもなじむことができた」等、学級適応の向上に関する記述、「今では皆が仲良く楽しく話せている」「あまり笑顔がなかった子が、桜咲タイムを通して笑顔が見られるようになった」「男女関係なく、いろいろな人と話すことができるようになり、学校行事で皆が協力し助け合うことにもつながっている」等、周りの友だちや学級全体の変容を感じている記述が見られました。これらの記述から、桜咲タイムの効果は十分に示唆されると考えられます。

表4 「桜咲タイム」を通して、自分や友だちが「成長した」と感じること

> 最初は緊張してあまり話せなかったけど、桜咲タイムのおかげで人と話せるようになり、クラスにもなじむことができた／コミュニケーション力が上がり、自分の思ったことが言えるようになった／初めは他の学校の人とスムーズに話すことができなかったけど、今では皆が仲良く楽しく話せているし、私も目を見て聴くこと・話すことができるようになった／うなずくことに慣れ、いつもの学習でもうなずきができるようになった／自分の聴く姿勢や話す力がすごくついた／あまり笑顔がなかった子が、桜咲タイムを通して笑顔が見られるようになった／男女関係なく仲良くできるようになった／友人やクラスの人たちに、「ありがとう」と言えるようになった／男女関係なく、いろいろな人と話すことができるようになり、学校行事で皆が協力し助け合うことにもつながっていると思う／初めの「お願いします」終わりの「ありがとうございました」などの挨拶は日々の生活にも役立っていると感じた／桜咲タイムが楽しいと感じるようになり、たくさんしゃべれるようになった／恥ずかしさがなくなり、だんだん話しやすくなった／話を聴こうとする気持ちや聴いている時に、人の目を見て聴いたりうなずいたりしようという思いが大きくなった

(3) 各学級担任の自由記述アンケートから(平成28年7月実施)

桜ヶ丘中1年学級担任には、1学期の終わりに「生徒の自尊感情、ソーシャルスキルの変容について」という問いに対するアンケートへの自由記述を求めました。表5は学級担任の自由記述の一部を抽出・整理したものです。

自尊感情の変容に関しては、「自分のことをしゃべるなかで自信をもって話ができるようになってきている」「話を聴いてもらうことに喜びを感じたり、話をすることを喜んでいる様子がある」等の肯定的な記述が示されました。ソーシャルスキルの変容に関しては、「回数を重ねるごとに、生徒の発言量や声の大きさ、会話のスムーズさは向上していったようである」等の肯定的な記述が示されました。しかし、一方で、「日常への変化を感じられない」「うなずきながら聴くという点については、できる生徒とそこまで意識できない生徒の差が大きい。こちらが活動中に促してやらないと気付かない」等の課題を指摘する記述も示されました。これらの記述から、担任は、桜咲タイムの効果を認めつつ、今後に向けた課題も感じ取っていることがうかがえました。

表5 生徒の自尊感情、ソーシャルスキルの変容について

1. 生徒の自尊感情について 自分のことをしゃべるなかで自信をもって話ができるようになってきている／活動自体は前向きな生徒が多く、自分の意見を伝えることに対して喜びを表す様子も見られた／少しずつ自信をもって話せるようになったように感じる／話すこと、聴いてもらえることの喜びはワークシートからも感じられる／話を聴いてもらうことに喜びを感じたり、話をすることを喜んでいる様子がある
2. 生徒のソーシャルスキル(挨拶、表情、うなずき、聴き方、話し方等)について 話し方等、活動中は意識はしているが、日常への変化を感じられない／挨拶や表情は良いと感じるが、仲良くなるとどうしても「でも〜」とか「そういえば…」のように話が脱線しがちになっていることがある／回数を重ねるごとに、生徒の発言量や声の大きさ、会話のスムーズさは向上していったようである／表情が柔らかくなった気がする／面と向かって話をすることが習慣化されつつある／うなずきながら聴くという点については、できる生徒とそこまで意識できない生徒の差が大きい。こちらが活動中に促してやらないと気付かない／手を抜きつつある感じはするが、習慣化している／どのクラスで授業をしてもスムーズに話し合いができる

5. 新聞での紹介と卒業生の声

　2017（平成29）年10月18日（水）、「日本海新聞」朝刊紙面に、桜ヶ丘中の取り組みを紹介する嬉しい記事が載りました。タイトル、概要として、「人間関係づくりや対話力伸ばそう：少人数のグループ対話によって生徒の対話力や人間関係づくりの力を伸ばす取り組みが、桜ヶ丘中で繰り広げられている〜全校一斉に週１回10分、不登校解消など効果〜」（渡辺暁子記者）というものでした。例年は１年生に不登校になる生徒がいましたが、この記事の掲載時点で、１年生約200名、６学級の不登校生徒数はゼロでした（最終的には、年度末の３月、年間欠席数30日を超え、不登校１をカウント）。この新聞記事は、鳥取県内の学校に大きな刺激となったようで、「桜ヶ丘中と同じような取り組みを行いたい。具体的にはどのようにすればよいのか？」という問い合わせとともに、私への研修講師依頼が、県内の複数の学校から入るようになりました。また、他県（島根県、愛知県、高知県）からの学校視察が相次ぎ、「桜咲タイム＆桜咲トーク」の実践が各地に拡がっています。

　私は、新聞社の許可もいただき、この記事を各地の研修会等の機会に紹介させていただいています。ある県で、教員対象の講演会を行った時のことです。休み時間に、私のところに若い男性が来て、「先生の今の話は本当ですか？」と言うので、「本当ですよ。どこか疑問に感じるところがありましたか？」と聞き返すと、彼は次のように言いました。「ボクは桜ヶ丘中の出身です。当時は学校全体が荒れていて、勉強どころではありませんでした。あまり良い思い出のない学校です」と…。そして、彼は、「日本海新聞」の掲載記事をあらためて眺め、「こんなふうに笑顔で友だち同士話し合いができたら学校生活は楽しいでしょうね。今の桜ヶ丘中の生徒は幸せです」とも言いました。

　今、桜ヶ丘中で学んでいる生徒たちが、将来、社会人となり、「桜咲タイム、楽しかったよなぁ」「みんなが仲良くていい学校だったよな」と幸せな昔話に花を咲かすことができるよう、先生方と共に、私も頑張っていきたいと思います。

人間関係づくりや対話力伸ばそう

鳥取・桜ケ丘中の「桜咲タイム」▶▶

2017年(平成29年)10月18日 水曜日　日本海新聞

少人数のグループ対話によって生徒の対話力や人間関係づくりの力を伸ばす取り組みが、桜ケ丘中(鳥取市桜谷、中宇地昭人校長)で繰り広げられている。「桜咲タイム」と題し、全校一斉に週1回10分間、さまざまな話題で生徒が話し合う時間を設定。教員の負担が少ないごく短時間の実践だが、コミュニケーション力向上や不登校解消など好影響が出ており、関係者は期待を寄せている。　　　(渡辺暁子)

＝ルールを意識しながら笑顔で話し合う生徒たち＝鳥取市桜谷の桜ケ丘中

全校一斉に週1回10分　不登校解消など効果

「住んでみたい国は」「過去に戻れるなら、いつに戻るか」—。水曜の5限。4人程度の班になった生徒たちが向き合い、設定された多様な話題で盛り上がる。教室内は笑い声が絶えない。

▼ルール意識

一見、話しているだけのようだが、「相づちを打ちながら聴く」「最初と最後のあいさつをしっかり」などルールを明確にし、意識するのが桜咲タイムのポイント。対話後は、話し方や聴き方を振り返るワークシートを記入する。対話の「型」を友人関係や学級活動、授業でも生かしていくのが狙いだ。

同校は、新興住宅地や商業地、田園地帯など異なる地域性の4小学校を校区に持つことから、入学時に学校になじめない「中1キャップ」に陥る生徒がいるが、今年の1年生は校区の小学校でも試験的に取り入れ、小中連携による相乗効果も期待されている。

桜咲タイムは、円滑な人間関係づくりのきっかけにしようと、曽山和彦名城大教授が提唱する「短時間グループアプローチ」を手法として昨年度から取り入れた。

曽山教授は「現代は人との関わり方を育む場が少ない。かといって、じっくり学ぶ時間は取れない」と指摘。短時間で教員誰もが指導できる内容で、継続的に取り組むことが大切だという。

▼小中連携

9月に生徒に行ったアンケートによると、「相手の意見を聴き、話や協働する力を育み、よりよい学校、地域づくりにつなげていきたい」と話す。

中宇地校長は「次期新学習指導要領の『主体的・対話的で深い学び』につながる」と強調。

もあり、入学時に学校で不登校になる生徒が6クラスは現時点でゼロ。人間関係のトラブルが少なく、中宇地校長は「話すきっかけやルールがあることで、生徒が安心できる学校環境につながっている」と推測。

また、例年は1年生で不登校になる生徒がいるが、今年の1年生は校内外や生徒自身が校内外で変化を実感していることが分かった。

動、授業でも生かしていくようになった」「地域の人にあいさつできるようになった」「次期新学習指導要領の『主体的・対話的で深い学び』につながる」と強調。「相手の意見を聴いて行動し、気持ちを考えて行動できている」「知らない人とでも会話が弾むようになった」。

§2 「中1不登校ゼロ」を生んだ桜ヶ丘中学校の実践

〈桜ヶ丘中学校区指導・助言経緯〉

2015（平成27）.11.16　平成27年度　鳥取県教育センター　教科・領域指導力向上ゼミナール「中学校特別支援教育」の研修として、桜ヶ丘中を会場に受講者に指導。テーマは「ソーシャル・スキルトレーニングの理解と指導のあり方」。ここに中嶋聖校長が参加。指導に共感。

2016（平成28）.2.26　桜ヶ丘中校内研修。テーマは「ソーシャルスキル・トレーニングを活用した学級づくり」。中嶋校長の声かけ。次年度から全校として取り入れるために職員への啓蒙的研修。

2016（平成28）.6.22　桜ヶ丘中校内研修。中宇地校長着任。中嶋校長の考えを踏襲。高藤先生を推進リーダーに指名。テーマは「関係づくりの火を灯し続ける～かかわりの力を育む『打ち上げ花火』をどのようにリレーすればよいのか～」全校としてのならし。

2016（平成28）.8.18　桜ヶ丘中学校区合同研修会。若葉台小を会場に開催。テーマは「教室でできる『関係づくり』の具体方策　『王道』ステップ　ワン・ツー・スリー」校区への啓蒙。

2017（平成29）.1.25　桜ヶ丘中校内研修。テーマは「桜咲タイム再考」；1年を振り返り成果と課題を見つめた。質問に答える形のプレゼンにて。

2017（平成29）.3.22　桜ヶ丘中訪問。校長、高藤先生と「座談会」。実践成果と課題の確認。

＊この3学期に校区4小学校の6年生に高藤先生が「桜咲タイム」実施。

2017（平成29）.6.28　若葉台小校内研修。テーマは「かかわりの力育成プログラム」。啓蒙。

2017（平成29）.9.20　桜ヶ丘中校内研修。テーマは「より良い『桜咲タイム』実践に向けて」。前年度の成果の確認。数値や記述で先生方に啓蒙。

2017（平成29）.10.18　「日本海新聞」朝刊にて「中1不登校ゼロ」紹介。

2018（平成30）.2.1　午前桜ヶ丘中訪問。実践成果確認等。校長＆高藤先生。面影小参観。

2018（平成30）.6.6　面影小校内研修。テーマは「学びを支える人間関係づくり」。校区として足並みの揃えに向けて。

2018（平成30）.6.20　桜ヶ丘中校内研修。テーマは「桜咲タイムの意義」。

2018（平成30）.10.29　面影小校内研修。

2018（平成30）.11.20　桜ヶ丘中自主公開研究会。

実践

§3 小中連携「Slimple」プログラム

——中1ギャップ解消に向けた小中連携の必要性は明らかです。かかわり体験不足の子どもたちが笑顔でかかわり合える活動、多忙感を抱える教師が負担感なく実施できる活動を用意できないものか…。本章では、そうした観点で生まれた「Slimple」プログラムについて解説します。

3

小中連携「Slimple(スリンプル)」プログラム

1.「Slimple」プログラムが生まれるまで

　私が子どもの「かかわりの力」の育成に強く関心をもちはじめたのは、平成19年度より愛知県A小学校の実践にかかわった時からです。当時のA小の先生方が皆で知恵を絞り、「一枚岩」の実践として創り上げたのが「SST(ソーシャルスキル・トレーニング)タイム」。その成果発表の場であった平成21年6月24日に開催された公開研究会は、愛知県内各地から500名を超える参加者が集い、子どもたちや先生方の笑顔の取り組みに「驚きと感動」の声が事後アンケートに多数寄せられたほど素晴らしい会でした。実践研究の協力者であった私にとっても本当に嬉しい成果であり、その成果を全国各地に発信するためにまとめ上げたのが、私の初単著『時々、"オニの心"が出る子どもにアプローチ──学校がするソーシャルスキル・トレーニング』(明治図書出版、2010年)でした。同書は、多くの方が手に取ってくださり、他校にも同様な取り組みが拡がっていく機運を感じましたが、数年後、A小の先生から、「SSTタイム」が教員異動に伴って徐々にその活動が縮小されたとうかがった際にはとても残念に思いました。

　一方で、A小という「タンポポ」から飛んだ「綿毛」が地に落ち、新たに芽を出した学校の一つが愛知県刈谷市立依佐美中学校でした。私の講演会・学習会等に継続して参加していた当時の養護教諭O先生が私に声をかけてくださったことから、依佐美中と私の縁がつながりました。依佐美中にかかわり始めた平成23年度当初は、津田節代校長先生(当時)が「授業中に出歩く生徒、机に伏せてしまう生徒を多く見かける。また、生徒同士のかかわりも弱い。このままでは生徒の心は次第に『荒れて』しまう。早急に具体策を講じなければ…」と心配される状況でした。その後、校内研修を重ね、先生方と私が共同して創り上げたのが、週1回短時間のグループアプローチ「よさっぴタイム」と、各教科の授業等におけるペア・グループ活動「よさっぴトーク」という活動でした。活動に継続して取り組むうちに、徐々に校

内は落ち着き、生徒の表情にも笑顔が増え、平成26年10月15日に開催された研究発表会では、以前のA小同様、素晴らしい授業風景が各教室で見られました。下記に参加者の感想の一部を挙げておきます。

> 〈研究発表会における「よさっぴタイム」参観感想〉
> 性別に関係なく楽しんでいる姿がとても印象的だった。ルールが明確なため全員が積極的に参加していた／生徒がとても楽しそうに話し合っている姿が印象的だった。自然に「ありがとう」と言ったり、質問しあう場面があったりする場面を見て、生徒のコミュニケーション力の向上を感じた／生徒に「よさっぴタイムをすることで何か変わったことはありますか？」と尋ねたら、「女子とも仲良く話せるようになった」という答えが返ってきた。思春期の生徒にこのような素直な回答があるところに「育ち」を感じた／なんと言っても活動中の生徒の笑顔が良い。他者との人間関係づくり、自分を知るという目的においてとても有効な手法だと感じた

この依佐美中の実践をまとめ上げたのが、拙著『学校と創った教室でできる関係づくり──「王道」ステップ　ワン・ツー・スリーⅡ』（文溪堂、2016年）です。同書がきっかけとなり、新たに芽を出した学校の一つが、§2で紹介した鳥取県鳥取市立桜ヶ丘中学校。そして、今は、桜ヶ丘中から飛んだ「綿毛」が鳥取県内はもちろん、熊本県、高知県、島根県等に拡がり、新たに芽を出し始めているところです。

なお、プログラム名に冠した「Slimple」とは、プログラムを支える二つのキーワードである「Slim」「Simple」を合わせた造語です。

> Slim：例えいくら良い活動であったとしても活動内容が膨らみ、子ども・教師が負担感を常に感じるようなものは長続きしません。設定した活動時間のなか、毎回毎回、内容（演習；エクササイズ）を変える必要はありません。つまり、「演習のデパート」をそれほど手広く開く必要はありません。年間を通して、「アドジャン」「二者択一（どちらをえらぶ）」等の繰り返して行える演習を、4～5程度組み込むことがポイントです。
> Simple：活動の進め方が複雑なものであると、全校「一枚岩」の実践が難しくなります。教師の力量により、活動の効果に大きな差が生ずる可能性があるからです。そのような「差」が生じないよう、「ルール提示→デモンストレーション→演習→振り返り」という一定の流れによるシンプルな「型」を用意す

ることが必要です。経験年数・力量によらず、「誰でもその場で教えられる」「誰が教えても同じようにできる」「誰がやっても同じ効果がある」という三つの要素からなる「型」（齋藤．2003）をつくることがポイントです。

2.「Slimple」プログラムの特徴と基本構成

　学校不適応予防に向け、児童・生徒の「かかわりの力」育成に焦点を当てた研究はこれまでにも多くなされてきています。特にソーシャルスキル・トレーニング等のグループアプローチを活用し、その効果を示唆した研究が多く見受けられます。学校現場がそれらの研究知見を活かせるならばそれに越したことはありません。しかしながら、OECDによる国際教員指導環境調査（TALIS）の結果が示すように、多忙感を強く抱く教師からは「取り組む時間がない」等の声が聞かれ、実践への一歩を踏み出せない学校が多いのが実状です。そのような学校現場の声に、本プログラムは、十分に応えることができます。その理由は「週1回短時間のグループアプローチ」「各教科等の授業場面におけるペア・グループ活動」の二つを核とするものだからです。このように短時間グループアプローチと各教科等の授業場面におけるペア・グループ活動の連動を明確に位置づけたプログラムは、従来、見受けられません。また、私（曽山．2013、2014、2015、2016）はこれまでにも学校現場との共同研究に多く携わり、短時間グループアプローチの効果について論文発表等を行ってきています。それゆえ、各教科等の授業場面におけるペア・グループ活動との連動を明確に位置づけた本プログラムはより確かな効果を生むであろうと考えています。10～15分という「短時間」がキーワードでもある本プログラムは、日常的に多忙感を抱える現場教師が明日からすぐに実践可能なプログラムとして、現代の学校現場のニーズに沿うものです。

「Slimple」プログラムの基本構成
◇週1回短時間グループアプローチ；かかわりの花火を打ち上げる
◇各教科等の授業場面におけるペア・グループ活動；花火の火をリレーする

3. 週1回短時間グループアプローチ;「○○タイム」の展開例と留意点

　「○○タイム」は、下に示したような「型」に沿って展開します。図内のSSTはソーシャルスキル・トレーニング、SGEは構成的グループ・エンカウンターの略称です。活動1ではSSTのねらい、活動2ではSGEのねらいのもとでそれぞれの活動を展開します。

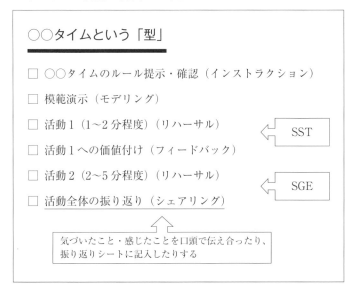

　以下、○○タイムの具体的な展開例を紹介します。

(1) 活動時間;各学級、毎週月曜日、5時限開始前の10分（時間割組み込み）

　※この活動時間は依佐美中「よさっぴタイム」例です。

(2) 実施者;主に学級担任
(3) 実施形態;生徒は各自の机を合わせて4人一組のグループの形態になる
(4) 「○○タイム」のルール例

- お願いします & ありがとう
- うなずいて聴く
- 指示をしっかり聴く

(5) 基本演習（エクササイズ）；「二者択一（どちらをえらぶ）」(國分. 1996) 展開例

時間	学習活動	指導上の留意点
1分	・「○○タイム」のルールを確認する	・ルールカードを黒板に貼る
2分	・「二者択一（どちらをえらぶ）」の進め方の説明を聴く ・一つのお題について、一人ずつ順番に、「ボクは○○が好きです。理由は△△だからです」と話す。メンバー全員が話し終えたら、次のお題について、同様に話す ・周りのメンバーは、「なるほど」「へぇ～」等、反応したり、うなずいたりしながら話を聴く（質問があってもここでは我慢する） ・時間は90秒	・一つの班を使い、デモンストレーションを行い、進め方を説明する ・理由を話すとき、「○○が嫌いだからです」等の否定的な言葉を使わないようにという指示や、「特になし」「なんとなく」では寂しいということも伝えるようにする
2分	・お題について、順番に話し、聴く 〈お題例〉　社長　　or　　副社長 　　　　　田舎　　or　　都会 　　　　　パン　　or　　ごはん	・「一人の話に盛り上がって先に進まない」「反応やうなずきが弱い」等に気づいたら、「ルールは何だった？」等の言葉をかけて介入する ・90秒で一旦活動を切り、「挨拶、うなずき、表情」等のソーシャルスキルを価値付け・評価する（例；このクラスは笑顔が多いなぁ。うなずき名人が増えてきたぞ）
3分	・お題について、自由に話し、聴き合う（3分間、フリートークを行う）	・一人が時間を独占せず、うまく使うとよいこと、お題について話し合うなかで<u>自分や相手のことが少しでもわかる（自他理解、自他への出会い）</u>といいね、等、伝えるようにする ・話し合い状況に応じて介入し、声をかけるようにする
2分	・振り返りシートに記入する	・記入状況に応じて、介入する

〈Point；ソーシャルスキル・トレーニングと構成的グループ・エンカウンターのねらいを明確に意識する〉
○表内の太枠罫線で囲んだ「90秒で〜」の部分が、ソーシャルスキル・トレーニングに関する指導上の留意点。
○表内の波下線を引いた「自分や〜」の部分が、構成的グループ・エンカウンターに関する指導上の留意点。

(6) 1ヵ月間の活動展開例
○基本的には1ヵ月間、演習は同一のものを行います。
○演習：「二者択一（どちらをえらぶ）」を例に、以下、1ヵ月の活動展開を例示します。

1週目：前頁10分間の演習展開例を参照
2週目：座席移動等により、4人組のメンバーを替えて行う
3週目：メンバーを替え、さらにお題も替えて行う
4週目：メンバー、お題を替え、さらに教師もチェンジして行う

(7) 年間計画例
　年間計画の基本モデル例、小学校の計画として愛知県西尾市立米津小学校、中学校の計画として愛知県西尾市立一色中学校の例を以下に示します。それぞれに違いがありますが、各学校の実態に応じてニーズに合う計画を取捨選択するとよいでしょう。
①基本モデル例
　私がお薦めしたい年間計画はとてもシンプルです。小学校低学年には少し難しい演習として「1分間スピーチ」が入っていますが、その他の学年には大丈夫です。「1ヵ月同じ演習を行う」ことを大切にします。

月	演習名	演習の特色
4	ネームゲーム	クラス替えの最初に、お互いの名前を覚えるには最適
5 & 1	アドジャン	各学校の児童・生徒の声を聴くと「一番人気」
6 & 10	二者択一(どちらをえらぶ)	丁寧な話形「〜です。なぜならば〜」の習得に効果
7 & 11 & 2	いいとこ四面鏡(いいとこみつけ)	友だちからの評価は、自尊感情アップに効果
9	質問ジャンケン	ペアで30秒の演習ゆえに、活動性が高い
12 & 3	1分間スピーチ	お題は「1週間のエピソード」等。演習の総仕上げ的活用

②小学校(米津小学校「米っ子タイム」平成30年度年間計画)

「Slimple」プログラム実践校として、小学校のなかでは「先頭」を走っている学校が米津小学校です。「米っ子タイム&米っ子対話」が今年度で6年目を迎えています。「1年生について、1学期中実態に応じて実施する」という留意事項を設けながらも、基本的には四つのタイトル(演習)を各学年が同様に行うスタイルです。このようなシンプルさが、子どもにも教師にも負担感なく、長く続けられるコツであるとともに、全校「一枚岩」実践を維持するコツであるとあらためて感じます。

§3 小中連携「Slimple」プログラム

〈平成30年度米っ子タイム年間計画〉

タイトル	内容	実施日（1学期）	実施日（2学期）	実施日（3学期）	ねらい
質問ジャンケン	・ペアでジャンケンしながら、質問シートの内容を互いに質問し合う。 ・互いに気になったことを詳しく聴き合う。	（研修 4/5） （参観 4/9） ① 4/11 ② 4/20 ③ 4/27 ※曽山先生来校 4/11（水）	（研修 9/4） ① 9/7 ② 9/14 ③ 9/21 ※曽山先生来校 9/12（水）	（研修 1/10） ① 1/11 ② 1/18	・自分のことをはっきり伝えることができる。 ・黙って話を聴くことができる。 ・相手の顔を見て話を聴くことができる。 ・うなずきながら話を聴くことができる。
どちらをえらぶ	・二つの選択肢から一つを選び、ペアの子と自分の選んだものを伝え合う。 ・互いに選んだ理由を伝え合う。	（研修 5/24） ① 5/25 ② 6/1	① 9/28 ② 10/5 ③ 10/12	① 1/25 ② 2/1	
アドジャン	・4人組（1年生は2人組）を作り、「アドジャン」のかけ声に合わせて一斉に好きな数だけ指を出し、質問内容を決める。そして順番に質問に答えていく。 ・互いに気になったことを詳しく聴き合う。	（研修 6/20） ① 6/22 ② 6/29	① 10/19 ② 10/26 ③ 11/30	① 2/22 ② 3/1 ※読書週間中、米っ子タイムアンケートを実施	・自己他者を理解できる。 ・自己表現することや他者を理解することに楽しさを感じる。
いいとこみつけ	・4人組のグループを作り、互いの良いところを考え、友だちの良いところを、シートを通して伝えていく。 ※慣れてきたら項目を自分たちで作ってみるのも良い。 ※1年生はシートを使わず、言葉で良いところを伝え合う。	（研修 7/4） ① 7/6 ② 7/13	① 12/7 ② 12/14	① 3/8 ② 3/15	・人の良いところを見つけだすことができる。 ・自分の良いところに気づくことができる。 ・他人に良いところを評価してもらい喜びを感じる。

※運動会・学芸会練習期間や読書週間は実施をしない。
※1年生について、1学期中は実態に応じて実施する。

③中学校(一色中学校「しおさいタイム」平成29年度年間計画)
　一色中学校の計画の特徴は、「1ヵ月同じ演習を行う」のではなく、「2週間同じ演習を行う」ことにあります。中学生に対する「活動への興味・関心の持続」を意識した計画例として見るとよいでしょう。

平成29年度しおさいタイム年間計画		
回	実施日	内　　　容
1	5月11日	生徒向けオリエンテーション
2	5月18日	アドジャン
3	5月25日	二者択一
4	6月1日	二者択一（1.2年のみ）
5	6月8日	アドジャン
6	6月29日	アドジャン（教師チェンジ）
7	7月6日	いいとこ四面鏡
8	7月13日	いいとこ四面鏡
9	9月14日	質問ジャンケン
10	9月28日	質問ジャンケン
11	10月5日	後出しジャンケン
12	10月12日	ゴジラとゴリラ
13	10月19日	ゴジラとゴリラ（1.3年のみ）
14	10月26日	アドジャン
15	11月2日	アドジャン
16	11月16日	二者択一
17	11月30日	二者択一
18	12月7日	アドジャン
19	12月14日	アドジャン
20	1月25日	バースデーライン
21	2月1日	アドジャン
22	2月15日	アドジャン
23	2月22日	いいとこ四面鏡（3年ラスト）
24	3月8日	いいとこ四面鏡（記述式）
25	3月15日	いいとこ四面鏡（記述式）

(8)　最終演習（エクササイズ）;「1分間スピーチ」展開例
○短時間グループアプローチの目指すべき最終形。大学の実践において、学生の反応が非常に良く、効果も認められる演習です。ルールの徹底により、小学校高学年以上であれば、十分に実施可能です。

§3 小中連携「Slimple」プログラム

時間	学習活動	指導上の留意点
1分	・「1分間スピーチ」の進め方の説明を聴く	・〇〇タイムのルール確認はしないが、活動途中に、ルールが不十分と感じた場合、介入し、声をかけるようにする
	・一人ずつ順番に、「この1週間のエピソード」について1分間話す ・周りのメンバーは、「なるほど」「へぇ～」等、反応したり、うなずいたりしながら話を聴く（質問があってもここでは我慢する）	
1分	・各自、話す内容を考える	
6分	・お題に沿って、順番にスピーチをする	・交替の合間に、「挨拶、うなずき、表情」等のソーシャルスキルを価値付け・評価する（例：良い表情のスピーチだね。うなずいてもらうだけで話しやすくなるでしょ）
2分	・各自のスピーチについて、お互いに質問し、聴き合う（2分間、フリートークを行う）	・一人が時間を独占せず、うまく使うとよいこと、各自のスピーチについて話し合うなかで<u>自分や相手のことが少しでもわかる（自他理解、自他への出会い）</u>といいね、等、伝えるようにする ・話し合い状況に応じて介入し、声をかけるようにする

〈Point；スリム化を目指す〉

○学年が上がり、活動が繰り返されるにつれ、「ルール説明」「デモンストレーション」等を省き、すぐに活動に入ることができるようにするとよい。

○振り返り用紙への記入を毎回させる学級があるが、「用紙記入は毎月の最後のみ」「言葉で感想を伝え合う」等、学級状況に応じてアレンジするとよい。

○短時間の活動ゆえに、「スリム化」が大事なポイント。

(9) より良い短時間グループアプローチを進めるための5条件

　生徒数700名を超える依佐美中学校が、試行錯誤を経て、「よさっぴタイム」という一枚岩の実践を展開できたのは、次の5条件（先生方からの聴き取り結果をKJ法により整理したもの）が揃ったからです。

○条件1：短時間の活動であること
　短時間であれば、集中力の持続が難しい「気になる子」も取り組みやすい活動であると言える。日常的な多忙感のある教師にとっても、週1回10分程度の活動であれば取り組みやすい。

○条件2：ルールと型が徹底された活動であること
　すべての児童・生徒にとって取り組みやすい。教師をチェンジしても活動可能。

○条件3：繰り返し行える活動であること
　少しのアレンジにより繰り返して行える活動であれば、シート作成等の教材づくりの負担軽減となる。

○条件4：友だちとのかかわりを楽しめる活動であること
　市販のエクササイズ集には数多くの演習が掲載されている。年齢や発達段階により楽しめるものは異なる。児童・生徒の声を聴きながら演習を選定するとよい。

○条件5：教師自身も楽しめる活動であること
　児童・生徒に行う前に、教師自身が体験し、自分が楽しめる演習を選定するとよい。

4．ワークシート例

　一色中学校の「平成29年度しおさいタイム指導案」から代表的な演習のワークシートをいくつか紹介します。なお、各演習は図書文化社の「エンカウンターで学級が変わる」（國分康孝監修）シリーズを参考にしました。演習シートの項目は学級・生徒の状況に合わせてアレンジしています。また、振り返り用紙は「中学校版」（一色中）、「小学校低学年版」（西山小）を例として紹介します。

（1）　二者択一（どちらをえらぶ）（國分．1996）

```
次の二つのうち、どちらかを選ぶとしたら、
どちらの方がいいですか。
選んだ理由も簡単に答えましょう。


　第1問

　　　　　夏休み　　　　冬休み


　第2問　タイムマシンで行くなら…

　　　　　過去　　　　　未来


　第3問　コンビニのおにぎり…

　　　　　ツナマヨ　　　しゃけ
```

(2) アドジャン（國分．1999）

1の位の数	項　　目
0	住んでいる所
1	好きな教科
2	好きな給食メニュー
3	誕生日
4	好きな（好きだった）テレビ番組
5	会ってみたい有名人（歴史上の人物OK）
6	１日だけ変身できるなら何になりたいか
7	言われてうれしい言葉は？
8	好きなコンビニメニュー
9	休みの日にやりたいこと

(3) 質問ジャンケン（國分．2000）

質　問	メ　モ
①　好きな季節はいつですか？	
②　趣味や好きなことは何ですか？	
③　好きな動物は何ですか？	
④　昨日の夜は何時に寝ましたか？	
⑤　好きな食べ物は何ですか？	

(4) いいとこ四面鏡(いいとこみつけ)基本シート(河村.2001)

氏名( )				
【　　】さんの「いいところ」	書いてくれたメンバーの名前			
	さん	さん	さん	さん
1　あいさつがよい				
2　リーダーシップがある				
3　うなずきが上手				
4　元気いっぱい				
5　物知り				
6　好奇心たっぷり				
7　意志が強い				
8　てきぱきしている				
9　何事も一生懸命				
10　やさしい				
11　ユーモアがある				
12　さわやか				
13　誰とでも話ができる				
14　ねばり強い				
15　思いやりがある				
16　落ち着いている				
17　無言清掃ができる				
18　笑顔が素敵				
19　親切				
20　あたたかい雰囲気				

ふりかえり　「いいとこ四面鏡」で気づいたことや感想を書きましょう

(5) いいとこ四面鏡（いいとこみつけ）アドバンスシート

いいとこ四面鏡シート
【　　　　　　　　　】さんのいいところを具体的にいっぱい書こう！

（　　　　）より	
（　　　　）より	
（　　　　）より	
（　　　　）より	

ふりかえり（いいとこ四面鏡の感想）

(6)「スピーチ」いいとこ四面鏡(いいとこみつけ)シート

| 名前 | さんの |

「スピーチ」いいとこ四面鏡

いろいろな「いいところ」	書いてくれたメンバーの名前			
	さん	さん	さん	さん
1. わかりやすい				
2. 元気をもらえる				
3. ていねいな				
4. もっと聴きたくなる				
5. 一生懸命さが伝わる				
6. 身振り・手振りがよい				
7. ユーモアがある				
8. 明るさが伝わる				
9. 心にジーンと響く				
10. 役立つ情報のある				
11. 「なるほど」と思える				
12. 笑顔が素敵な				
13. 聴きやすい声				
14. 目に力がある				
15. 真似したくなるような				

(7) 振り返りシート例

【ふりかえり】

1 今日の活動は楽しかったですか。一つ選んで○をつけましょう。

　・すごく楽しかった
　・まあ楽しかった
　・あまり楽しくなかった
　・ぜんぜん楽しくなかった

2 自分のあいさつや聴き方、うなずきはどうでしたか。できていたと思うものを○で囲みましょう。

　・はじめや終わりのあいさつ
　・うなずいて聴く
　・話す人の顔を見て聴く
　・相手の話をしっかり聴こうという気持ちをもつ

3 今日のしおさいタイムの感想を書きましょう。

〈小学校低学年用〉

「○○タイム」ふりかえり

（　）がつ　（　）にち　（　）ようび

（　）ねん　（　）くみ　　なまえ（　　　　　　　　　）

1. きょうの○○タイムは　たのしかったですか

　　とても　　　たのしかった　　ふつう　　　あまり　　　　ぜんぜん
　　たのしかった　　　　　　　　　　　　　　たのしくなかった　たのしくなかった

2. あいさつが　できましたか

　　しっかり　　だいたい　　すこしだけ　　あまり　　　ぜんぜん
　　できた　　　できた　　　できた　　　　できなかった　できなかった

3. うなずきながら　話(はなし)を　きけましたか

　　しっかり　　だいたい　　すこしだけ　　あまり　　　ぜんぜん
　　できた　　　できた　　　できた　　　　できなかった　できなかった

☆　かんそうを　かきましょう

5．各授業場面等におけるペア・グループ活動の指導案例と展開例

　短時間グループアプローチ「○○タイム」のかかわりが活きている授業…それが「かかわりの花火（○○タイム）」の火をリレーすることの具現化です。以下、ペア・グループ活動を学習活動に取り入れた指導案例（吉田小5年理科、一色中3年社会科）と、授業におけるペア・グループ活動の展開例（依佐美中2年社会科）を紹介します。

(1)　ペア・グループ活動；「○○トーク」を取り入れた指導案例
①吉田小5年理科

　単元名は「理科室に潜むオオモノをつりあげろ！―電磁石の性質―」。目標は「自分の予想に基づいて一人一実験をした結果から、電磁石を強くするための条件がわかる」と設定した授業です。

段階	学習活動		・教師の働きかけ　※評価
つかむ 2分	1．自分の予想と実験方法を確認する。 2．本時のめあてを確認する。		・自分の予想に基づいた実験をすることを意識付けるために、予想と実験方法を確認する時間を設ける。
ふかめる 38分	3．予想に基づいて一人一実験をする。		・変えた条件によって電磁石が強くなったか確認するために条件は一つだけしか変えないことを確認する。 ・電磁石が強くなったことが視覚的にわかるように引きつけたクリップの数で実験結果をまとめるようにする。 ※自分で考えた実験の結果を基に、自分なりの電磁石を強くする条件を話し
	〈コイルの巻き数〉 ・50回巻きと100回巻きで比べる。 ・50回巻きと65回巻きで比べる。	〈導線の長さ〉 ・1mの50回巻きと3.6mの50回巻きで比べてみる。	
	〈導線の種類〉 ・ビニル導線とエナメル導線で比べてみる。	〈導線を2重に巻く〉 ・1本の導線で50回巻きと2本の導線で50回巻きを比べる。	
	4．実験の結果を報告し合う（<u>よしトーク</u>） ・ビニル導線ではクリップの数が平均11個で、エナメル導線では平均15個でした。		

	・2重に導線を巻いたものと1重に巻いたものはあまり差がありませんでした。 ・コイルの巻き数を増やすと引き付けたクリップの数が増えたから、電磁石は巻き数を増やすと強くなります。 ・導線が短い方がたくさんクリップをひきつけたので、短くすると電磁石は強くなります。	ている（ワークシート、発言）。
まとめる 5分	5．振り返りと、次時への課題の設定をする。 ・電磁石を強くするには導線を短くした方がいいことがわかりました。 ・2重にしてもあまり電磁石の強さが変わらないことが不思議に思いました。	※話し合ってわかった、電磁石を強くする他の条件や次時の課題を書くことができている（ワークシート）。

②一色中3年社会科

　題材名は「まちづくり中学生会議2017〜10年後の○○町の未来を考えよう〜」。8時間計画の本時は7時間目。前時までに、「観光・産業プラン」「防災・減災プラン」「交通プラン」の三つが出され、生徒はそれぞれのプランにグループ分けされています。

	学習活動	教師支援・留意点
つかむ 5分	1．学習課題を確認する。	・本時の目標と流れを提示することで見通しをもたせる。
	心豊かに暮らせる町にするために、どのプランが○○中学校区の人たちにとって大切だと思いますか	
	2．しおさいトーク（4分）：4人グループで自分の意見を確認する。	
追究する	10年後の○○町の未来を考えよう	
	1．しおさいトーク（8分）：4人グループ以外の生徒たちとフリートークをする。	・意見交換したい生徒同士のフリートークにより各自の考えを深めさせる。
	2．しおさいトーク（20分）：全体の場	・話し合い活動では、相手の意見に対

| 38分 | で話し合う。 | して問題点を指摘したり、iPadを利用しデータを提示したりして、相手が納得できる意見を述べるようにさせる。 |

――――――――（以下、省略）――――――――

(2) ペア・グループ活動；「○○トーク」の展開例（依佐美中2年社会科）
※以下、拙著『学校と創った教室でできる関係づくり――「王道」ステップワン・ツー・スリーⅡ』文溪堂、2016年、50～55頁から一部引用。

生徒　今から社会の授業を始めます。お願いします。
教師　では、始めます。皆さんは今まで歴史の勉強をしてきましたが、これまで勉強してきたことを思い出してください。日本の歴史の中ではいろいろな身分が出てきましたね。どんな身分がありましたか？はい、20秒の「よさっぴペアトーク！」。

――20秒のペアトークを実施――

教師　は〜い（ペアトーク終了）。それでは、どんな身分があったのかを発表してください。
生徒　ハイ。ハイ。ハイ。（あちらこちらで活発に手が挙がる）

――（中略）――

教師　それでは、前を見てください。
　　これは、当時配られたチラシです。「全国水平社」と書いてあるでしょう。差別をなくそうとして、全国水平社というチームのようなものを結成し、差別をなくす運動をした人たちがいたのです。その人たちが、「水平社宣言」というものを出しました。
（プリント「水平社宣言」を配る）
　　今日はこの宣言を読み、皆さんに差別について考えてもらいたいと

思います。今から私が音読しますので、皆さんはペンを持ってください。差別をなくそうということが感じとれる言葉に線を引いてください。ゆっくり読みますので、差別をなくそうという思いが感じとれるところに線を引いてください。線はたくさん引いても結構です。
(「水平社宣言」の内容を読み上げる)

　では、一度前を向いてください。

　たくさん線を引くことができた人も、少ない人もいるようですね。そのなかから、最も差別をなくそう、なくしたいという思いが伝わる言葉を一つだけ選び、その理由を書いてください。3分間時間をとります。では、書いてください。
(生徒個々に書く。教師は教室全体を見て回る)

教師　はい、では書くのをやめて前を向いてください。それぞれが自分の思ったことをプリントに書いたと思います。それを基に「<u>よさっぴトーク</u>」をします。「自分はこの言葉を選びました。理由はこうだからです」と簡単に話してください。さっき書いたものを見てもいいですが、アイコンタクトを大切にしてくださいね。はい、グループになってください。
(生徒は4人グループになるように机を並べる)

　窓側、後ろの人から時計回りでお願いします。では、「<u>よさっぴトーク</u>！」。

生徒　お願いします。

——4人グループでのよさっぴトークを実施——

　(ひととおりグループ内での発表が終わったら、グループ全員で拍手をして教師に知らせる)

　　　　　　　　——(以下、省略)——

※表内下線を記した「よさっぴペアトーク」「よさっぴトーク」の場面で、毎週実施している「よさっぴタイム」でのかかわりが活かされています。

6. 様々な教材・資料の工夫例

(1)「一枚岩」の実践を目指すための指導確認シート

　桜ヶ丘中学校区内の小学校の一つである面影小学校は中学校同様、週1回短時間グループアプローチを全校で実施し、その名称も中学校に合わせ「桜咲タイム」としています。中学校の資料（20頁参照）をもとに教師用「確認事項」チェックシートを活用しています。

面影小　桜咲タイム　確認事項

〈子どもの姿〉

1	黒板に掲示したルールの確認を、だまって聴いている。	
2	机を静かに動かして、3～4人のグループを作っている。	
3	机をすき間なくくっつけている。（欠席者の机も）	
4	「おねがいします」と言って始めている。	
5	友だちの話をよく聴いている。（うなずき、笑顔）	
6	「～です。」とていねいな言葉で、グループの友だちに聞こえる声で話している。	
7	「ありがとうございました」と言って終わっている。	

〈指導のポイント〉

1	三つのルールを黒板の真ん中にはり、毎回確認する。ルールの説明や確認は、机を前にしたまま行う。 （学年が上がるにつれ、確認の時間は短くなる）	
2	音を立てないこと、なるべくすばやくグループにすることを意識させる。	
3	お互いに気持ちよく話し合うために、机をすきまなくそろえさせる。→友だちのことを大切に思うあたたかい関係をつくる。	
4	活動を始めるというけじめをつけ、いっしょに活動する人に対する尊敬の気持ちを表すために「おねがいします」が自然に言えるようにする。ほどよい声の大きさを考えさせる。	
5	人の話はだまって最後まで聴くスキルを身につけさせる。	
6	ていねいな言葉づかいができるように、単語だけの話合いにならないよう、「～です。」を徹底させる。 グループの友だちに聞こえる、ほどよい声の大きさを意識させる。	
7	相手に対する感謝の気持ちを素直に表すことが自然にできるように、活動の終わりには、必ず「ありがとうございました」と言って終わる。	
8	エクササイズのあとに、指導者の価値づけを軽く入れる。 「友だちの話を笑顔で聴けていたね」「順番に話せていたね」など	
9	フリートークのあとの最後のふり返り（感想）を、軽く尋ねてみる。 国語の時間のような指導にならないよう気をつける。	

(2) 繰り返し活用可能なアドジャン等のお題シート

　三重県四日市市立三重平中学校では、アドジャン、二者択一、質問ジャンケン等の演習で用いるシートを、1枚ずつパウチして作成し、毎回、組み合わせながら活用しています。繰り返し活用が可能なため、教師にとっては教材作成の負担感軽減にもつながっています。

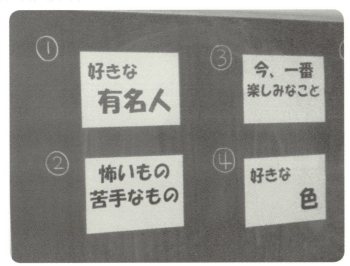

7. プログラム実施のQ&A

プログラムを実施すると、様々な疑問や悩みにも出会うことでしょう。以下、これまで私の元に届いた質問と私の回答例を紹介します。

> Q1. 昔からよく行われているアイスブレーキングと○○タイムは何が違うのか？

A1. ねらいが違います。アイスブレーキングは、「氷のように固まっている雰囲気を溶かす」というねらいがあります。それに対して○○タイムは、アイスブレーキングのねらいでも行えますが、最も強くねらっているのは「自尊感情＆ソーシャルスキルの育成」です。

> Q2. ○○タイムにおけるルールを徹底するにはどうしたらよいのか？

A2. §5に示したように、「2本のアンテナ」理論で子どもにかかわるとよいでしょう。決めたルールがあるならば「ルール違反＆遵守」を見逃さないアンテナを立て、日々、子どもにかかわっていきましょう。

> Q3. 子どもたちを落ち着かせてから活動の説明を丁寧にすると、時間が足らなくなってしまうのだが、どうすればよいのか？

A3. 子どもたちが活動になじむまでに時間がかかる学級があります。それでも、活動を繰り返すうち、説明自体が必要なくなったり、スリムになったりすることでしょう。少し、長い目で子どもを見ていきましょう。

> Q4. グループメンバーをチェンジする頻度はどれくらいがよいのか？

A4. 基本的には毎週メンバーチェンジした方が新鮮でしょう。しかし、アドジャンのお題を毎回変えるならば、メンバー1ヵ月の固定も可能と思います。学級状態により、様々に試してみるとよいでしょう。

> Q5. ねらいの定着に実感がないのだが？

A5. プログラムに即効性を求めていませんか？　私自身は即効性を強く求

めていません。結果的に、すぐに効果が現れる子どもも多くいますのでそれはそれで嬉しいですが、すぐに効果が現れなくてもジワジワと効果が現れますのでそれを楽しみに待ちたいところです。ある校長先生の名言「○○タイムは漢方薬」…まさに、我が意を得たり！です。

Q6．どうしてもマンネリ化するのだが？

A6．数名の声の大きな子どもたちの「またぁ～」「もう飽きた～」の声に引っ張られていないでしょうか。私は大学生に日々実施していますが、学生からのそのような雰囲気が感じられたときは、「違いを楽しもう！　同じお題でも答えや考え方は違うよ」と伝えるようにしています。学級や学年を分割して、「学級・学年交流」的に、○○タイムを行うことも一つの手でしょう。

Q7．○○タイムの後半、「フリートーク（井戸端会議）」は自由に話をさせてよいのか？

A7．自由な話し合いではなく、枠（時間、エクササイズ）のなかで話をするように伝えます。「3分間時間をとるので、一人が時間を独占するのではなくうまく使ってください」「アドジャンでいくつかのお題が決まり、話をしたでしょう。そのお題についてもう少し自分で説明したり、相手のお題について質問したりしましょう」等の言葉をかけながらトークを展開させていくとよいでしょう。

Q8．メンバーによっては話が弾まないのだが？

A8．グループを廻りながら、「関係づくりの第一歩は相手への関心だよ。お互いに声をかけてみてね」と言葉をかけ続けるとよいでしょう。

Q9．フリートークになると同性だけの話し合いをしてしまうのだが？

A9．「この学級では男女仲良く話ができるみんなになってほしい」等、教師の思いを伝え続けていきましょう。

Q10. 振り返り用紙を書く際に、「良くできた」と毎回書いて、横着をしてしまう生徒にはどうすればよいのか？

A10. 教師側が何について書くことを求めているのか、ねらいを焦点化するとよいでしょう。また、「できるだけ具体的に記述するように」と伝えることも大切です。

Q11. 机に伏せて参加せず、班の雰囲気を悪くする生徒にはどのようにすればよいのか？

A11. 「どうしたの？」と声をかけて様子を見ますが、無理に参加させず、時間を変えて個別指導をするとよいでしょう。活動には抵抗を示すものの「時計係」「プリント配布係」などは受け入れる場合があります。そのような働きかけを繰り返し、参加を楽しみに待ってみましょう。

Q12. 特別支援学級で○○タイムを実施すると、「フリートーク」でうまく話せない子が多くいる。どうすればよいのか？

A12. 「フリートーク」は自他への出会い、つまりエンカウンターをねらっていますので、無理に行う必要はありません。例えば、アドジャンのエクササイズを行った際、「相手をよく見てうなずきができていたよ」等、ソーシャルスキル・トレーニングを行うだけでもOKです。

Q13. 例えばアドジャンで自分の順番が来てもすぐに答えられず、黙り込んでしまう生徒にはどうすればよいのか？

A13. 週1回の活動なので、次の活動まで時間があります。プリントを使い、一緒に考えて答えを埋めておき、当日は、そのプリントを読むようにさせると安心して答えられる場合があります。試してみてください。

Q14. 演習（エクササイズ）を選ぶ際、どのような点に留意すればよいのか？

A14. 自分自身が体験して「楽しい」と感じたものを行うとよいでしょう。そのために、子どもたちに実施する前に、教員研修の形で自分たちが子ど

もの立場になって体験してみることをお薦めします。『エンカウンターで学級が変わる　ショートエクササイズ集』(國分康孝監修、國分久子・飯野哲朗他編集、図書文化社、1999年)には、短時間で実施可能な演習が満載です。

> Q15. アドジャンをもっと楽しく行うために、質問項目を工夫したいと考えているが、留意すべき点は何か？

A15. 質問項目を「あまり難しくしないこと」が第一の留意点です。○○タイムは「思考の教育」の時間ではありません。じっくりと考えて答えを出させることをねらってはいません。話し方・聴き方の「行動の教育」、自分や他者に気づく「感情の教育」の時間です。ある学校で、「雲の上で過ごせるとしたら何をして過ごしますか？」という項目が設定されていましたが、一生懸命頭をひねるような質問は控えたいところです。また、第二の留意点としては、「家庭・家族に関する質問は十分に吟味すること」です。これもある学校の例ですが、「お父さんの仕事は何ですか？」という項目がありました。あまりにも配慮に欠けた項目ではないでしょうか。教師として、様々な配慮のアンテナの精度を高めておきたいところです。

8. プログラム実践の効果と課題

　○○タイム、○○トークはどのような効果と課題があるのでしょうか？実践協力校の先生方の声、児童・生徒観察評価、子どもの自己評価等から紹介します。

(1)　西尾市立一色中学校の先生方の声

　プログラムを導入して3年目を迎えた一色中。依佐美中同様、大規模校ゆえに毎年先生方の異動も多い学校です。それでも、管理職、研究主任の先生方を中心にしたリーダーシップによる「一枚岩」実践が機能しています。しおさいタイム・しおさいトークのそれぞれについて、先生方がどのように感じているのかを次頁に抽出・整理しました。しおさいタイムについては、「しおさいタイムがあることで人とかかわる時間を確保でき、生徒にとってはプラスも大きい」「しおさいタイムは確実に学級が良くなる活動」等の声

を成果として捉えつつ、「生徒からの『またか』という空気を感じます」「一部しおさいタイムにやる価値を見出せていない生徒がいます」等の課題に向き合っていくとよいでしょう。しおさいトークについても、「プログラム導入前と比べると格段に話し合いができるようになりました」「しおさいトークというキーワードで生徒は自然に話し合いに入ります」等の成果、「まだまだうなずきながら聴くということはできていないと思います。こちらが言えば意識する子は増えます」等の課題を見据え、今後も一緒により良い実践を目指していきましょう。

〈しおさいタイム〉
生徒も慣れ、スムーズに動けるようになり、教室が和やかな空気になっています。授業でもさらに活かしていきたいです／しおさいタイムがあることで人とかかわる時間を確保でき、生徒にとってはプラスも大きいと思います。是非続けていきたいです／生徒たちはこの時間を楽しみにしています。この活動を行った朝の生徒たちの顔は晴れやかです。この活動をさらに生徒たちの生きる力に変えられるように勉強を続けていきたいです／しおさいタイムは確実に学級が良くなる活動だと思いますのでこれからも続けていきたいです／生徒が楽しそうに話をしているのを見るとこちらも楽しくなってきます／しおさいタイムがない日には「今日はやらないんですか？」など残念がる生徒が増えてきました。楽しくかかわりがもてる時間をこれからもつくっていきたいです／しおさいタイムになると生徒からの「またか」という空気を感じます。クラスによるのかもしれませんがなかなか盛り上がらず効果を感じることができませんでした／支援の必要な生徒にとって質問の内容の答えを出すことが大変で、「ないです」「わかりません」が多かったです。／グループ全員ではなく男女に分かれて話をしてしまうグループがあります。どんな声かけをすると最後まで全員で話すことができるのか悩みます／一部しおさいタイムにやる価値を見出せていない生徒がいます。特に学年が上がるにつれてそう感じます

〈しおさいトーク〉
国語の授業でグループの考えを伝える時、話し合う時に活かすことができ、しおさいトークが活用されていると感じます／授業のなかでのペアやグループ活動で挨拶や指示をしっかり聴くことはほとんどの生徒ができるようになったと感じます。う

なずいて聴くことについてはまだ活かせていない生徒が多いように感じます、しかし相手の目を見て話を聴ける生徒は多いです／クラスによって差はありますが、「お願いします」「ありがとうございました」が言える生徒は増えたと思います。また、教師の目を見て授業を受ける生徒はかなり多いです／うなずく生徒が増えてきました。話をしていて、しっかりと聴いてくれているんだろうなと嬉しくなります／<u>まだまだうなずきながら聴くということはできていないと思います。こちらが言えば意識する子は増えます</u>／プログラム導入前と比べると格段に話し合いができるようになりました。授業以外の場面でも人とかかわろうとする気もちを体の向きや目で表せるようになりました／「挨拶」と「指示をしっかり聴く」は関心が高く身についており、活かすことができてきました。また、目を見て話すに関しても活かせています／話し合い活動が上手くできています。<u>「しおさいトーク」というキーワードで生徒は自然に話し合いに入ります</u>／ペアやグループ活動の直前にうなずくことを声をかけておくとできますが、自然にはまだできていないように思います

(2) 春日井市立西山小学校先生方の児童観察評価と声

プログラムを導入して3年目を迎えた西山小。週1回15分行っているにこにこタイムについて、先生方が捉えた児童の様子を図1のグラフに示しました。「自尊感情」「ソーシャルスキル」に関する項目等から構成されたア

図1 教師による児童観察評定

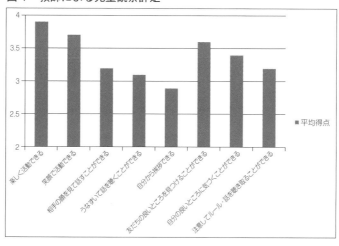

ンケート調査の結果、4点満点の評定でいずれの項目も高い肯定的評価となっています。

　また、同じく先生方が行動観察により捉えた児童の姿を以下に整理しました。実践当初は、活動に対する不安の声もあった西山小ですが、管理職及び推進担当の先生のリーダーシップにより、今では「一枚岩」の実践が展開されています。「にこにこタイムは漢方薬。2年間でじわじわと効果が出てきました」という管理職の声は、まさに短時間グループアプローチ効果の核心を突いていると感じます。「即効」を求めすぎると、子どもにも自分自身にも強い負荷がかかる場合があります。「じわじわと出てくる効果」を楽しみに待つのもよいでしょう。私は、「漢方薬」としての本プログラムをこれからも多くの学校に「処方」しようと考えています。

〈にこにこタイム〉
今年1年生でやってみて小さいうちから行うことの良さがよくわかりました。低学年から行うことで、子どもたちは「うなずく」「相手の目を見る」という行動を意識するようになりました。反面、遊びの感覚が強すぎる子どももいるので教師がしっかりと指導することが大切と思いました（1年担任）／この活動は春日井市全体で取り組むといいです（2年担任）／「塵も積もれば山となる」とはまさにこのこと。にこにこタイムの効果は大きい（3年担任）／にこにこタイムを楽しみにしている子どもが多かったように思います（4年担任）／毎週木曜の15分という短い時間だからこそ継続できました（5年担任）／授業中、話し合いが自然にできるのはにこにこタイムのおかげです（6年担任）／全校体制で取り組めているのがとてもいいです。活動の中だるみという声も一部ありますが、教師が活動の意図を明確にしていればそんなことはありません（担任外）／<u>にこにこタイムは漢方薬、2年間でじわじわと効果が出てきました</u>。子どもの変容とともに先生方の変容（話の聴き方、表情、挨拶等）も大きいです（管理職）

(3)　西尾市立吉田小学校児童の自己評価と先生方の声

　プログラムを導入して2年目を迎えた吉田小。週1回15分間行っているよしよしタイムについて子どもたちはどのように感じているのかを捉えるた

めに、低学年（1〜3年）、高学年（4〜6年）別にアンケート調査を行いました。自尊感情（その前提となる自己理解）、ソーシャルスキル等に関する項目からなる調査の結果、低学年児童160名、高学年児童180名のほとんどが5点満点中、非常に高い肯定的な評価をしていることが明らかになりました（図2・3）。これほど「楽しい」「自分のことがわかった」と児童自身が捉えている活動ならば、「導入の成果大」と評価してよいでしょう。

また、同じく先生方が行動観察により捉えた児童の姿を次頁に整理しました。吉田小は、実践当初から活動に対する期待が先生方のなかに強く感じられた学校ですが、成果と共に今後に向けた課題も散見されます。よしよしタイムについては、「笑顔が多いことが学級経営、相互理解にとても良いと感

図2　よしよしタイムに対する低学年児童の自己評価

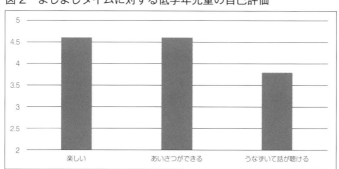

図3　よしよしタイムに対する高学年児童の自己評価

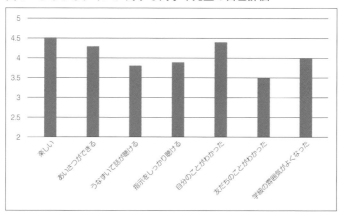

じています」等の声を成果として喜び、「クラスの気になる子はまだ時間がかかりそうです」等の課題にじっくり向き合っていくとよいでしょう。また、よしトークについても、「ペアやグループ活動への抵抗がなくなったように感じます」「授業のなかでペアやグループ活動が意味ある活動になってきています」等の声を先生方各自が励みとして、「まだうなずいて聴く、指示をしっかり聴くはできていません」等の課題解消に向け、「一枚岩」実践を継続していくとよいでしょう。私は、わずかに1年の実践でここまで「できるようになってきたこと」を先生方と一緒に喜びたいです。

〈よしよしタイム〉
朝の時間にやることが多いためクラスの雰囲気が明るくなり、1日のスタートを良い形で切れています。子どもたちのコミュニケーション力を高めるためにも実践を継続していくことが大切だと思います。そのためには吉田小の実態に合わせて、取り組み方を工夫・アレンジしていきたいです（もちろんまずは型を習得してから）／まだ実践して半年なので目に見える成果があるというわけではありません。しかし、子どもたちは楽しく活動していますし、今後、授業のなかでも活用していけば力になっていくと感じます／大半の子がよしよしタイムを楽しんでいる様子があります。しかし、クラスの気になる子はまだ時間がかかりそうです／笑顔が多いことが学級経営、相互理解にとても良いと感じています／年度当初、自分からかかわるのが難しかった子が、自分から話す姿が見られるようになりました。一方で、子どもたちの意識に大きな差があるのを感じます。しかし、多くの子が楽しんで活動をしています

〈よしトーク〉
よしよしタイムで学んだことは、普段の授業で活かせる内容であり、教師側も意識しやすいです／授業のなかでペア活動を行う時、自ら「おねがいします」と言って始める場面が増えました。指示をしっかり聴くことの個人差はありますが、聴こうという姿勢をとる子はちらほら見えてきました／うなずいて聴くことは一部の子がグループ活動でもできるようになりました。発表などの後は自然に拍手する姿も出てきました／よしよしタイムを通してペアやグループ活動への抵抗がなくなったように感じます。まだうなずいて聴く、指示をしっかり聴くはできていませんが、挨

拶はできるようになりました／よしよしタイムではうなずいたり、相手の顔を見て話したりすることについてとても良くできるようになった子、意識して取り組んでいる子が多くなりましたが、授業のなかでそれを活かせている子は少ないように感じます／形から始めたことがよしよしタイムを通して本物になってきたと思います／授業のなかでペアやグループ活動が意味ある活動になってきています。よしよしタイムで学んだことは対教師については身についていますが、友だち同士となると十分にできているとは言えません

(4) 四日市市立三重平中学校生徒の自己評価と声

プログラムを導入して4年目を迎えた三重平中。週1回10分間行っている「平っ子タイム」の効果について心理尺度Q-Uの経年変化を分析しまし

図4 心理尺度Q-Uの経年変化（4年間）

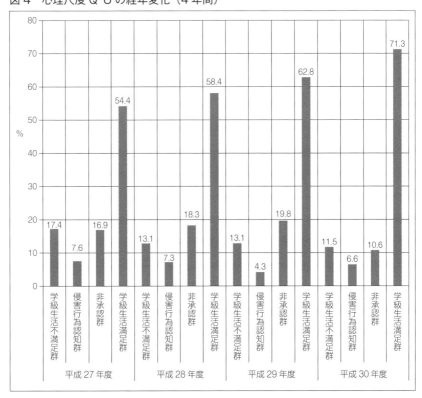

た。その結果、プログラム導入時に比べ、学級生活不満足群の生徒が年々減少するとともに学級生活満足群の生徒が年々増加していることが明らかになりました（図4）。平っ子タイムによる自尊感情、ソーシャルスキルの向上が、生徒の学級適応を促進していることが示唆されます。

また、平成29年度末、平っ子タイムに対する生徒自身の感想アンケートを集約して分析した結果、「相手を見て話せるようになった」「ありがとうと言えるようになった」の両項目とも、「とてもそう思う」「そう思う」という肯定的な評価が8割を超えて高いことが示されました（図5・6）。自由記述にも、「うなずくことや相手の目を見ることが自然にできるようになった」「うまく人と接することができるようになった」等、ソーシャルスキルに関する記述が多く見られ、ここにも平っ子タイムの効果が示唆されます。「家庭的に課題のある生徒が多く在籍するにもかかわらず、生徒が落ち着いて学校生活を過ごし、不登校もほとんどいない状況にあるのは平っ子タイムの存在が大きいです」と語る淺川由子校長先生のお言葉が、とても嬉しく感じられます。これからも地域に、平っ子タイム同様の取り組みが拡がるよう、私

図5　生徒の自己評定；項目「相手を見て話せるようになった」

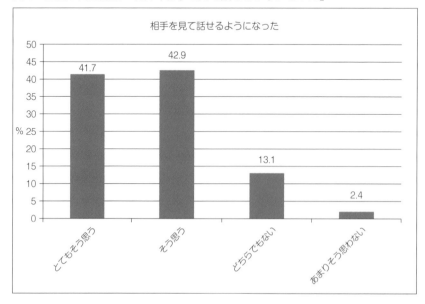

図6 生徒の自己評定；項目「ありがとうと言えるようになった」

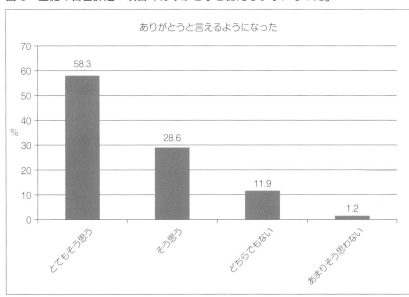

も様々な機会を活用し、紹介していきたいと考えています。

〈平っ子タイムに対する生徒自身の感想〉
話すことが苦手だったけど、平っ子タイムをしていくうちに無言じゃなくなって話せるようになった／静かに話が聴けるようになった／うなずくことや相手の目を見ることが自然にできるようになった。面接でも自然にできるようになった／うまく人と接することができるようになった／練習試合などで他校の初めて会う生徒とも話すことができた／先生や地域の人にあいさつができるようになった／クラス全体が仲良くなった。みんなが話をするようになった

9. お薦め！「Slimple」プログラム実践校

　プログラムの実践校であるとともに、全校「一枚岩」としての体制整備状況等を鑑みると、平成30年度、私が全国各地に「お薦めしたい」と考えている学校は、以下の表に示した8校（小・中学校各4校）です。また、私

は、その他にも10数校の学校のスーパーバイザー（指導・助言者）としてかかわっており、それらの学校も8校の実践を追いかけています。是非、各学校が連絡・連携を取り合い、「縁」をつなぎ、より良いプログラム実践が展開されることを願っています。私が必要であればいつでも校内研修等に駆けつけます。

No.	学校名	校長名	グループアプローチ名	電話番号
1	愛知県刈谷市立依佐美中学校	服部孝司	よさっぴタイム	0566-21-0487
2	愛知県西尾市立一色中学校	山下清幸	しおさいタイム	0563-72-8240
3	三重県四日市市立三重平中学校	淺川由子	平っ子タイム	059-330-0030
4	鳥取県鳥取市立桜ヶ丘中学校	中宇地昭人	桜咲タイム	0857-22-8301
5	愛知県西尾市立米津小学校	丹羽圭介	米っ子タイム	0563-57-3457
6	愛知県西尾市立吉田小学校	颯田浩行	よしよしタイム	0563-32-0154
7	愛知県春日井市立西山小学校	土屋光	にこにこタイム	0568-81-7288
8	熊本県熊本市立託麻東小学校	川上哲也	託東タイム	096-380-2156

§4 「Slimple」プログラムを支える七つの技法

——「Slimple」プログラムは、「ソーシャルスキル・トレーニング」「構成的グループ・エンカウンター」等の優れたカウンセリング技法を活用して展開します。各技法の詳細は「お薦め文献」に委ね、本章では、各技法に対する「私の思い」を綴ります。

4

ソーシャルスキル・トレーニング

　「『Slimple』プログラムによって子どもの何を育てたいのか？」と問われるならば、第一には「ソーシャルスキル（人付き合いの技術・コツ）」と答えます。それゆえ、プログラムを支える筆頭技法は「ソーシャルスキル・トレーニング（Social Skills Training、以下SST）」となります。

　SSTは、行動理論に基づく技法であり、「インストラクション（言語教示）」「モデリング（模範提示）」「リハーサル（実行）」「フィードバック（評価）」という一連の流れによって展開される「行動の教育」とも言われます。「10歳までの子どもの児童・生徒指導のなかでもっとも足りないことは、自発性によって知的な能力を伸ばすだけでなく、社会性を獲得させるために、『教えるべきことを教える』こと」（川島．1997）とあるように、幼児期・児童期の子どもにこそ力を入れて活用したい技法です。また、このSSTの展開を、よりわかりやすい形で私たちに届けてくれる言葉があります。それは「してみせて　言って聞かせて　させてみて　褒めてやらねば人は動かじ」（言：山本五十六）という言葉です。「親28年、教師35年」の私には、親・教師として子どもの前に立つ時、この言葉を忘れなければ「子どもはよく育つ」という実感があります。

　行動理論の人間観は「人は白紙（タブラ・ラサ）」というものであり、子どもの問題行動を前にした時、「学んでいない（未学習）なら学べばいい、間違って覚えている（誤学習）なら学び直せばいい」という捉え方をします。私自身、この人間観になじんでいるため、SSTは納得して、自分の「引き出し」に入れている技法の一つです。

〈もっと「SST」を学びたい方へ、お薦め！〉
小林正幸『学級再生』講談社、2001年。

構成的グループ・エンカウンター

「Slimple」プログラムを支える第二の技法は「構成的グループ・エンカウンター」(Structured Group Encounter、以下 SGE) です。

SGE の「構成」とは、「枠」のことです。「人数、エクササイズ（心理的課題）、時間」という枠のなか、グループを活用し、自分・他者・人生へのエンカウンター（出会い）を促す技法です。SGE の「インストラクション（言語教示）」「エクササイズ」「シェアリング（振り返り）」という一連の流れは、ゲシュタルト療法の原理そのものであることから「ゲシュタルト療法のマイルド版」であるとともに、「感情の教育」とも言われます。

SGE は、私の師である國分康孝先生が、奥様の久子先生と共に1974（昭和49）年以降提唱されてきたものであり、今、全国各地の学校で幅広く活用されています。私が初めて SGE に出会ったのは1998（平成10）年、病弱養護学校に勤務していた時です。不登校傾向の子どもたちに活用できる SGE の魅力に惹かれ、大学院での学びを始めたことで國分先生とのご縁をいただくことができました。私を学びの師へと導いてくれた SGE に感謝です。

SGE は心理療法ではなく、教育技法であるため、エクササイズ集を参考にすれば誰でもできますが、時に「うまくいかない」等の声が聞こえてきます。その際の留意点として、國分先生は「ゲーム的に楽しめるエクササイズ、しかも10〜15分程度でできるエクササイズを行うことから始めるとよい。『楽しい・心地よい体験』を繰り返す中、子どもたちの中にリレーション（ふれあい）が生まれ、『こういう活動ならもっとやりたい』という意欲が高まってきたら、徐々に自己発見を促すエクササイズも取り入れていくとよい」と述べています。この師の言葉が、「Slimple」プログラムの背中を押してくれます。

〈もっと「SGE」を学びたい方へ、お薦め！〉
國分康孝『エンカウンター──心とこころのふれあい』誠信書房、1981年。

4

アイメッセージ（私メッセージ）

　アイメッセージはT．ゴードンが「親業」で提唱したコミュニケーション技法であり、「私」を主語にして自分自身の思いを伝える話し方です。一方、ユーメッセージは「あなた」で始まるか、「あなた」がどこかに入っている話し方です。どちらのメッセージも次のようにプラス、マイナスがあります。
〈プラス（肯定）〉
　○アイメッセージ；ありがとう（ありがたい）、嬉しい、助かる…等
　○ユーメッセージ；えらい、すごい、上手…等
〈マイナス（対決）〉
　○アイメッセージ；困る、残念、辛い…等
　○ユーメッセージ；うるさい、やめなさい、ダメでしょ…等

　私は若い頃、「子どもは褒めて育てる」と思っていた教師でした。子どもの良いところを探しては「えらいね」等を連発していましたが、中学生を担任した時、褒め言葉が全く効かず、「私がダメだから褒めるんでしょ」等、反発されることが多くありました。当時は「褒めているのに何故？」と不思議でしたが、今ではその理由がわかります。それは、褒め言葉に含まれる「評価」のニュアンスを敏感に感じ取る思春期の生徒にはなじみにくかったのだろうということです。同様に、「ダメでしょ」等の注意の言葉にも「評価」のニュアンスを感じ取り、素直に私の言葉を受け止めにくかったのでしょう。アイメッセージを学んだ今ならば、「嬉しいなぁ」「困るなぁ」等、私が感じた思いを生徒に伝えることができます。「Slimple」プログラムを進めるなかで価値付けの言葉をかける際、年齢や発達段階を考慮し、アイメッセージ・ユーメッセージを使い分けたいところです。特にアイメッセージは「愛メッセージ」…子どもにたっぷり「愛」を届けましょう。

〈もっと「アイメッセージ」を学びたい方へ、お薦め！〉
T．ゴードン『親業――新しい親子関係の創造』サイマル出版会、1980年。

勇気づけ

　アドラー心理学の重要概念の一つに「勇気づけ」があります。ここで言う「勇気」とは「進んでリスクを引き受ける能力」「失敗、非難、障害などの外部要因があったとしても自尊心と所属感を失わないでいられる態度」「協力できる能力の一部」（諸富．2000）のこと。子どものなかからそうした「勇気」が湧き出てくるように働きかけることが勇気づけです。勇気づけの3語は「ありがとう」「嬉しい」「助かった」であり、親業の概念ではプラスのアイメッセージとなります。心理学の2大巨頭、アドラー＆ゴードンが等しく重要と捉えた「ありがとう」「嬉しい」「助かった」の3語は、大人が日々繰り返して子どもに伝え続けたい言葉です。特に「ありがとう」は素敵な日本語ナンバーワンに選ばれた言葉であり、「最強・最高・最『幸』」な言葉であると言ってよいでしょう。

　今、学校現場では、「どうせボクなんか…」と自分を卑下し、自尊感情がボロボロになっている子どもたちのことが悩ましい問題の一つとして話題に上がります。諸外国との比較においても日本の子どもたちの自尊感情は際立って低いことが指摘されています。この自尊感情の低さは大学生においても例外ではなく、「勇気をくじかれている」学生たちに多く出会います。そうした学生たちが私の講義を受け、「先生が振り返り用紙を受け取る時、『ありがとう』と言ってくれるのが嬉しかった」と感想を届けてくれることがあります。20歳前後の学生ですら、「ありがとう」の言葉一つで勇気が湧き出てくる場合があります。子どもたちであれば尚更でしょう。

　「Slimple」プログラムのなかで子どもたちを勇気づけられる場面はたっぷりあります。子どもの身体になじむまで働きかけていきましょう。

> 〈もっと「勇気づけ」を学びたい方へ、お薦め！〉
> ルドルフ・ドライカース他『勇気づけて躾ける――子どもを自立させる子育ての原理と方法』一光社、1993年。

4

リフレーミング

　リフレーミングとは「枠を作り直す」「見方を変える」ということです。理論ベースはA．エリスが創始した論理療法であり、その骨子は「考え方次第で悩みは消える」「人間の悩みは出来事・状況に由来するものではなく、その出来事・状況の受け取り方に左右される」というものです。また、論理療法は「Activating event（出来事）」「Belief（信念）」「Consequence（結果）」の頭文字をとり、「ABC理論」とも呼ばれます。

　以前、元バレーボール選手Mさんの講演を聴いた時、Mさんは「練習三昧のなか、久々の休日を皆で楽しみにしていた。しかし、当日は雨。チームメイトは『ジメジメして嫌だなぁ』とガッカリしていたが、私は『マイナスイオンいっぱい』と雨を楽しんでいた」と笑顔で話されました。雨という「出来事」は同じなのに、ガッカリする・楽しむというように「結果」は異なります。それは、雨をどう受け取るかという「Belief（信念）」の違いがあるからです。

　「Slimple」プログラムを進めるなかでも子どもたちはその時々の状況により活動への向かい方は様々です。例えば、多動傾向のA君が「○○タイム」の時、5分間だけ活動に取り組み、5分間は立ち歩いてしまったとします。その時、皆さんはA君にどのような声をかけるでしょうか？「きちんと座りなさい」と注意する人もいるでしょうし、「5分間、皆とよくやったね。えらいね」と褒める人もいるでしょう。きっと前者は厳しい表情、後者は優しい表情でA君の前に立っていることでしょう。その時々の状況は様々なので、どちらのかかわり方が良いのかを一概に言い切ることはできません。しかし、私は「子どもの『見方』を変えて『味方』になる」リフレーミングのワザを持ち続ける教師でいようと、日々、自分に言い聞かせています。

〈もっと「リフレーミング」を学びたい方へ、お薦め！〉
國分康孝『〈自己発見〉の心理学』講談社、1991年。

§4 「Slimple」プログラムを支える七つの技法

リソース探し

　リソースとは「資源・財産」のことであり、学校現場における「リソース探し」とは「いいところ探し」のことです。短期療法（ブリーフ・セラピー）の一技法であり、黒沢幸子氏は「『いつでもどこでも、リソース、リソース』と呪文のように唱えて、子どものいいところを探そう！」と提言しています。

　私たち大人は時に、「子どものいいところ」を誤解して捉えてしまうのかもしれません。私は秋田県在職時、教育委員会の特別支援教育専門家チーム員として、県内の小・中学校を巡回訪問指導していました。ある小学校を訪れた時、一人のベテランの先生から気になる子の指導について相談を受けるなか、「問題行動ばかりで困っている」という発言が引っかかりました。そこで「○君のいいところはどこですか？」と尋ねると、「一つもありません」という言葉が即答で返ってきたため、重ねて「○君は元気な子ですか？」と尋ねてみました。すると、先生は「学校は好きで、毎日元気に登校してきます」と答えましたので、「今、不登校傾向など、元気をなくしている子どももいますから○君の『元気』は○君のいいところですよ」と伝えました。この事例から学ぶのは、大人が「子どものいいところ」としてイメージするのは、「勉強や運動ができる」等の「すごいこと」なのではないか…ということ。それだけではなく、「元気」という当たり前のように見えることも「いいところ」として捉える姿勢が大切ということです。

　「Slimple」プログラムを行うと、子どもたちの「いいところ」がたくさん見えてきます。その一つ一つを丁寧に見取り、子どもたちを褒めたり、認めたりしていきましょう。

〈もっと「リソース探し」を学びたい方へ、お薦め！〉
黒沢幸子『指導援助に役立つスクールカウンセリング・ワークブック』金子書房、2002年。

技法

4

例外探し

　「例外探し」も短期療法（ブリーフ・セラピー）の一技法であり、例外とは「既にできていること、うまくできていること」と定義されています。例えば、日頃から「暴言」が気になる生徒がいるとしましょう。その暴言は確かに解決すべき問題ではありますが、その問題が常にあるのかというとそうではありません。時には「先生、ボクはですね…」等の優しく、丁寧な言い方をすることがあります。それが暴言に対する「例外」です。この例外が何故生まれたのかを探ることを「例外の責任追及」と言います。「彼の話を丁寧に聴いた後は言い方が優しくなる」「彼の好きなバスケットボールを一緒にやった後は明るい笑顔で話しかけてくる」等がわかったならば、その後もそうした働きかけを心がけていく…「例外の責任追及」をすることで支援のヒントを見いだすことができます。

　「Slimple」プログラムの短時間グループアプローチ：「○○タイム」には「型」があるため、時には中3の担任が中1の学級で「○○タイム」を行うことが可能です。生徒が担任の前で見せる姿と他の先生の前で見せる姿は別のものである場合があります。「いつもの○○タイムでは、無表情でいる（問題）ことが多いのに、A先生が○○タイムを行うと笑顔で活動する（例外）」という事実が認められたならば、そこに、よりよい○○タイム実践に向けた支援のヒントがあるかもしれません。「チーム学校」として生徒を育むために、A先生と一緒に「責任追及」の話し合いをしてみるとよいでしょう。私たち教師は「教育のプロフェッショナル」として、互いの持ちうるワザを見せ合い、磨き合うことを日頃からしていきましょう。「Slimple」プログラムは、その「格好の場」となります。

〈もっと「例外探し」を学びたい方へ、お薦め！〉
森俊夫『先生のためのやさしいブリーフセラピー——読めば面接が楽しくなる』ほんの森出版、2000年。

§5 子ども・教師を応援する七つの理論

　——中１ギャップ解消に向け、「Slimple」プログラムを活用する際、「心に留め置いてほしい」ことを理論として整理したいと考えました。本章では、35年間の教師経験、カウンセリング・特別支援教育に関する各種の学びをもとに「例え」を用いて命名した「七つの理論」を紹介します。

5

「ハンカチ」理論

　「周りの子を育てたら気になる〇男も育った」「気になる〇男を支える周りの友だちの力は教師一人の支援をはるかに超える」…これらは、発達障害、もしくは発達障害の可能性のある子どもが在籍する通常学級の先生方から学んだ言葉です。教育評論家の親野智可等氏（2006）は、「ハンカチ全体を持ち上げればほつれた糸も上がる」という例えを用い、子どもの短所（糸）ばかりを見ず、長所等を含む子ども全体（ハンカチ）を見ることの大切さを述べています。この例えからは、気になる子（糸）のみに目を向けるのではなく、学級全体（ハンカチ）に目を向けることの大切さもまた示唆されます。

　私は若い頃、学級の「全体」よりも「個」に目が向きがちな教師でした。ある子どもの障害特性、自尊感情、ソーシャルスキル等が気になると、どうしてもその一人の子に目を奪われ、気がつくと周りの子の把握がおろそかになっていたと、今、自戒の念を込めて振り返っています。そんな私の目を開かせてくれたのが、秋田県北部の小学校で出会ったＡ先生。私が特別支援教育担当指導主事として学校を訪問したとき、気になる子が在籍する通常学級の指導のあり方について「どうすれば気になる子が学級に溶け込むのでしょうか？」と尋ねたところ、返ってきた答えが、冒頭の「周りの子を育てたら気になる〇男も育った」という言葉でした。気になる子は、こだわり・多動…等、様々な「煙」を上げることがあります。周りの子のなかには、自尊感情・ソーシャルスキルの乏しさゆえ、「うちわで煙をあおぐ（いらぬちょっかいを出す）」子らがいます。そのような子らの良いところも褒めたり、より良いかかわり方を教えたり…という働きかけを続けたら、その子らの状態がプラスに変わり、さらにその子らが「あおぐ」ことをやめたことで気になる子の状態もプラスに変わったということです。

　皆さんは、「気になる」特定の子に目を引っ張られすぎていませんか？
　「ハンカチ」理論…ハンカチ（学級全体）を持ち上げましょう！　その具体方策の一つとして、「Slimple」プログラムを試してみませんか？

「グローブ」理論

　「全ての子どもがグローブをもっている。そのグローブにボールを投げる」…ここで言うボールとは「言語、非言語問わず、教師から子どもへの様々な働きかけ」の例え。学級の子どもたちは、「先生、私にもボールちょうだい」という思いでグローブを手にしています。元気な子どもたちはグローブを高く掲げているので、教師はそこをめがけてボールを投げやすいことでしょう。また、落ち着きがない等の気になる子も、予想がつかないグローブの掲げ方をしますが、それでもそのグローブは教師の目に入りやすいため、日常的に「褒め・叱り」というボールを多めに受けていることでしょう。一方で、学級にはグローブをもってはいるものの、それを高く掲げない子どももいます。全国各地の学級を訪問すると、静かに教師の話を聴いている子どもたちのなかにこうしたタイプの子がわりと多いことに気づきます。グローブを高く掲げない子どもに教師が気づかず、ボールを投げない日々が続いたらどうなるでしょうか？　おそらくこの子たちは、「ボールが来ないならグローブはいらないや」と思い、グローブを外してしまうかもしれません。そして、そのうちに家にグローブを置き、手ぶらで登校するようになってしまうかもしれません。家に置いてくるのがグローブならばまだ救われます。やがて家に置いてくるのが身体になってしまったら…それが不登校ということです。

　以前、ある中学校で授業を参観したとき、若い先生が「やんちゃな」生徒数人の発言を拾い、その生徒たちと楽しそうに話をしながら進める授業に出会いました。賑やかな雰囲気に包まれた授業ですが、真面目に先生の話を聴いている女子生徒にはその時間中、先生からの一つの視線も一つの言葉もかかりませんでした。授業後、先生に、「今日の授業はどうでしたか？」と尋ねたところ、「活発な発言が多かったと思います」と、その先生は答えました。

　どうでしょうか？　私たち教師は、全体を見ているようで、それほどは全体を見ていないのかもしれません。「全ての子どものグローブにボールを投げる！」…お互い、明日からの自分にしっかりと言い聞かせませんか？

5

「穴の空いたコップ」理論

　たとえコップの底に穴が空いていたとしても、水道の蛇口を大きくひねり、水量を多くすれば、コップから水を溢れさせることができます。

　各地の学校を訪問し、先生方からよく質問されることの一つに、「毎日、繰り返して挨拶をするように教えているのですが、いつまでたってもできるようになりません。どうしたらいいでしょうか？」というものがあります。そのときに、私は「コツコツと先生方皆で言葉をかけていきましょう。先生方の言葉は『水』であり、子どもが何らかの理由で『穴の空いたコップ』であったとしてもやがて水が溢れますよ」と伝えるようにしています。

　何故、コップの底に穴が空いているのでしょうか。その理由は家庭状況が厳しく親からの言葉かけが少ない、あるいは生まれつきの発達障害がある…等々が考えられることでしょう。そうした理由があったとしても、私たち教師は「諦めず、見捨てず」言葉をかけ続けることが大切であり、それこそが、アマチュアではない「教育のプロフェッショナル」として求められる最も重要な資質であると言えます。

　私たちは、子どもの頃から、家庭・地域でたくさんの大人に囲まれ、毎日毎日多量の水を注がれたのだと思います。コップとしての私たち自身が、その水を貯めたり、溢れさせたりしながら、「自分に OK」という自尊感情や、「挨拶、うなずき」等のソーシャルスキルが自然に育まれたのでしょう。では、家庭・地域で子どもを囲む大人が少なくなってきている現代は、誰が子どもというコップに「多量の水」を注ぐことができるのでしょうか？　私はその役割を担うのが、以前と変わらず、たくさんの大人で子どもを囲んでいる学校であり、教師であると考えています。そして、子どもに水を注ぐ際、留意すべき点はただ一つ…担任一人が注ぎ続けるのではなく、全ての教師が「チーム学校」として水を注ぎ続けていくということ。たくさんの蛇口から注がれた水が、「穴の空いたコップ」から溢れ、やがて、底の穴が自然に塞がれていきます。そのときを楽しみに、子どもに向き合っていきましょう。

「機織り」理論

　私の出身は群馬県桐生市です。かつて「西の西陣、東の桐生」と言われた織物の街です。子どもの頃、機織り職人であった母の会社を何度か訪れたことがあります。何台もの機織り機を一人で操作し、一反の織物を仕上げていく母を「すごいなぁ」という思いで、ポカンと口をあけて眺めていた幼き日の自分の姿が目に浮かびます。教師として働き始めたとき、母に「機はどうやって織るの？」と尋ねたことがあります。そのとき、母から「まずは縦糸を織り、その後で横糸を織る」という言葉を聴き、「そうか。ならば教師は子どもとの『縦糸』を織り、子ども同士の『横糸』を織り上げて、『学級という機』を織ればいいんだ」と、私なりの「学級づくり」のイメージをもつことができました。学級づくりを「機織り」に見立てて論じる方は他にもいらっしゃいます（野中・権藤．2011、嶋崎．2015）が、私は母に教えられた言葉を反芻しながら、今、各地で「機織り」理論を伝えています。

　まず、具体的な「縦糸」の織り方は、「子どもに伝わる言葉をかける」ということです。拙著『時々、"オニの心" が出る子どもにアプローチ2　気になる子に伝わる言葉の "番付表"』（明治図書出版、2013年）にて提言しましたが、「いいところ探し」「対決のアイメッセージ」「リフレーミング」「例外探し」（§4参照）等の技法を活用しながら繰り返し言葉をかけるなかで、徐々に「縦糸」が太くなっていきます。次に、具体的な「横糸」の織り方は、本書で提言している「短時間グループアプローチ」（例：桜ヶ丘中の「桜咲タイム」）が効果的であり、何本もの「横糸」を織り上げるととともに、その糸を太くすることができます（§3参照）。

　今、皆さんの学級という「機」はどれくらい織り上がっていますか？「縦糸」「横糸」は太くなってきていますか？　「糸」がプツンと切れていませんか？　「機」を織り上げるための具体方策は様々にあることでしょう。しかし、「私の『イチ押し』は？」と誰かに尋ねられたら、もちろん、答えは一つ。「Slimple」プログラムです！

5

「現実の打ち出の小槌」理論

　日本の説話や昔話に登場する「打ち出の小槌」とは、「それを振れば何でも望む物が出てくるという小さな槌」(『明鏡国語辞典』)のこと。この小槌が実在するならば是非とも手にしたいところですが、残念ながら「伝説の宝物」を手にすることは叶いません。しかし、私たちは、「現実の打ち出の小槌」を既に手にしている、あるいは今後手にすることができるのではないでしょうか。その小槌とは「うなずき」のことです。

　私たち教師は日頃、子どもや保護者の話を聴く機会が多くあります。その際、相手の目をしっかり見ながら「うなずいて」話を聴くことが大切です。「なるほど」「そうですね」等、受容・共感の言葉も併せ、うなずきながら話を聴いていくと、「先生はボクのことをわかってくれる」「この先生なら我が子を任せられる」…等々、教師への「安心感」「信頼感」が生まれてきます。私はかつて教育センターに勤務し、相談業務に就いていたことがありますが、自閉症の子の保護者から「先生は私の話を否定することなく、いつもうなずいて聴いてくださった。それが何よりも嬉しかった」という趣旨のお手紙をいただいたことがあります。私はそのとき、はっきりと「傾聴：耳と目と心を使い、うなずきながら話を聴くこと」の大切さを心に刻むことができたと振り返っています。余談ですが、私に対して「安心感」「信頼感」をもってくださったその保護者の方からは、20年近く経った今も時々、お子さんの成長を綴ったお手紙をいただくことがあり、それが私の「宝」になっています。

　「伝説の小槌」を振れば、金銀、財宝が望むだけ、ザクザクと湧き出てきます。一方、教師として、子どもや保護者とかかわるなか、「現実の小槌」を振る、すなわち、うなずくことで、そこには「安心感」「信頼感」がザクザクと湧き出てくることでしょう。私たち大人が既に手にしているうなずきという「現実の打ち出の小槌」を子どもたちにも手渡ししませんか？「Slimple」プログラムで行う様々な演習・活動により、子どもたちはきっと「小槌」を手にするようになります。

「2本のアンテナ」理論

　学級が「居場所」になれば、学習指導も生徒指導も十分に機能する…このことは一度でも学級担任を経験した人であれば納得することではないでしょうか。私は今、大学の講義やゼミでも、その学びの教室が学生にとって「居場所」と感じられるよう、様々な働きかけを行っています。その働きかけの第一が「ルールの確立」です。私は若い頃、学級ルールの確立がなかなかうまくいかず、苦労した経験がたっぷりあります。その時、何故うまくいかなかったのかを振り返るとともに、学びを続けているカウンセリングの理論も併せて考えるうち、「これでルールは確立できる！」とたどり着いたのが、「2本のアンテナ」理論です。

　「2本のアンテナ」とは、「ルール違反を見逃さないアンテナ」と「ルール遵守を見逃さないアンテナ」です。例えば、「話を聴く」というルールを定めたとしましょう。そのルールを破り、いつまでも私語を続ける子どもには、「ルール違反を見逃さないアンテナ」により感知し、「ダメでしょ。話を聴きなさい（対決ユーメッセージ）」「ちょっといいかな。話がしにくいのだけど…（対決アイメッセージ）」「ルールは何だった？（『？』による問いかけ）」等の言葉をかけます。一方、ルールをしっかり守っている子どもには、「ルール遵守を見逃さないアンテナ」によって感知し、「えらいね（肯定ユーメッセージ）」「嬉しいなぁ（肯定アイメッセージ）」「ちゃんと聴いているね（認める言葉かけ）」等の言葉をかけます。このように、定めたルールに対して、日々、「2本のアンテナ」の精度を上げて子どもの前に立ち続けるならば、きっと各種のルールは確立できます。

　若い頃の私が何故、ルール確立に苦戦したのか…それは、私が「ルール違反を見逃さないアンテナ」しか立てていなかったからです。子どもたちは「先生はボクがきちんとルールを守っていても何も言わない」と不満を抱えていたことでしょう。皆さんはどうですか？　「2本のアンテナ」を立てていますか？　どうか私と同じ失敗をしませんように…。

5

「泳力＆浮き輪」理論

　「子どもたちは学びという名の船に乗っている乗客」…このように見立ててみます。穏やかな凪の航海もあれば、大しけの航海もあるでしょう。特に思春期は「疾風怒濤期」と形容される大荒れの時期。親や教師等、周囲の大人にことごとく反発する「第2反抗期」の時期です。皆さんも、かつて様々な「波」に揺られた航海の数々が思い起こされるのではないでしょうか。

　大しけの航海はもちろんですが、凪の航海であっても、乗客である子どもが海に投げ出されたり、あやまって海に落ちたりすることがあります。そのとき、誰かが手を差し伸べなければ、子どもは溺れてしまうでしょうし、最悪の事態では海の底に沈んでしまいます。私たちは親としても教師としても「海に落ちた」子どもを助ける大人の一人になりたいものです。助けるために、自ら海に飛び込み泳いで助けることもできるでしょう。あるいは、泳ぐことが苦手であれば、「浮き輪」を海に投げることで助けることもできるでしょう。その「泳力＝泳ぐ」「浮き輪」が、「知識」「理論」「技法」と言えます。皆さんは、今、どれくらいの「泳力」「浮き輪」をもっていますか？「泳力」をつける・「浮き輪」の数を増やすためには学びを続けるしかありません。それは「子どもにかかわる大人の責任」…子どもを育む社会状況が以前とは大きく異なってきている今、私は襟を正しています。

　では、具体的な「知識」「理論」「技法」とは何でしょうか？　「知識」としては、文部科学省HPにて確認できる「生徒指導上の諸問題」等の数値は押さえたいところです。「理論」としては、精神分析理論、自己理論に代表されるカウンセリング諸理論の概要（参考；國分康孝『カウンセリングの理論』誠信書房、1981年）をつかむことをお薦めします。「技法」としては、構成的グループ・エンカウンター、ソーシャルスキル・トレーニング、アイメッセージ（§4参照）が、私のなかでのBest 3！　これまでどれだけこれらの「ワザ」に私自身が救われたかわかりません。さて、皆さんはこれからどのように「泳力」をつけ、どんな「浮き輪」を手にしたいですか？　お互い、学んでいきましょう。

§6　学校に「Slimple」プログラムという「文化」を創る

　　——文化とは「ある民族・地域・社会などでつくり出され、その社会の人々に共有・習得されながら受け継がれてきた固有の行動様式・生活様式」のこと。「Slimple」プログラムが学校文化になれば、中１ギャップはきっと解消します。本章では、「文化醸成」に向けた２校の事例を紹介します。

6

「文化」を創りあげた学校；依佐美中学校

1. 実践継続から見出される価値

　「週1回短時間のグループアプローチ」「各教科等の授業場面におけるペア・グループ活動」の二つを核とする児童・生徒の「かかわりの力」育成プログラムである「Slimple」プログラムを創り上げたのは、愛知県刈谷市立依佐美中学校の先生方です。依佐美中では、平成23年度からスタートした「よさっぴタイム＆よさっぴトーク」が、8年目となる本年度（平成30年度）も、全校「一枚岩」実践として続いています。全校生徒数700名を超える大規模校ゆえに、先生方は毎年多く入れ替わりますが、それでも実践がしっかりと引き継がれていることが何よりも素晴らしいです。

　平成23年度以降、依佐美中との「ご縁」をいただいた私は、今も年に1回、生徒の成長等を先生方と確認する場である校内研修会にお声をかけていただけることをとても嬉しく思っています。平成30年5月に開催された研修会後、以下のような先生方の声が私の元に届きました。

生徒が男女仲良く話し合えるのは、よさっぴタイム＆よさっぴトークを今まで続けてきたからこそだと感じます。この学校に長年勤めているとそれが当たり前になっていますが、本当にありがたいことです／よさっぴタイム＆よさっぴトークでかかわりあいが増えるほど、生徒の様子が良くなっていきます。特にトークでは、聴く側が否定的な捉え方を決してしないので安心して発表できる雰囲気が生まれています／今年転勤してきて初めてよさっぴタイムを行ったとき、こんなにも生徒が明るく、活動的になるのかと驚きました／今年転勤してきて、生徒の落ち着き、話の聴き方がすごいと思いつつ、それが当たり前と思っていました。しかし、積み上げがあったからこそと再認識しました／特別支援学級の生徒も一生懸命取り組めています。活動を重ねるごとにすごく成長が感じられます。喧嘩ばかりしていた生徒が少しずつコミュニケーションをとることができるようになりました。活動で鍛えているからこそと思います

§6 学校に「Slimple」プログラムという「文化」を創る

先生方の声からは、「今まで続けてきたからこそ」(二重線)→「生徒が男女仲良く話し合える」(波線)等、「よさっぴタイム&よさっぴトーク」継続実践の価値を見い出していることがわかります。そして、先生方の目に「当たり前」(太線)と映るほど、生徒の状態の良さが学級・学校に溢れていることもわかります。私は、こうした声を聴き、「依佐美中の先生方と一緒に実践、研究をしてきて本当に良かった」と心から感謝しています。

2. 実践継続のためのポイント

平成23年度の実践スタートから数え、8年もの長きに渡り、「よさっぴタイム&よさっぴトーク」が続いてきているのは何故なのでしょうか。以下、研修会の場で聴き取った先生方の声を紹介します。

> 一番大きな要因はよさっぴタイムの良さにあります。続けているうちに生徒が良い方向に変化している実態があり、その良さと有効性を先生方が実感しているためです。さらに10分という短い時間で取り組むので、それほど負担感を感じることなく継続可能であったからです／内容がシンプルで誰もが行える手軽なものであり、アレンジもしやすかったから継続できたと思います／実践を続けるうちに、各先生方が「本当に生徒が変わってきている」「部活指導、生徒指導にも活かすことができる」と実感できた点が一番大きいと思います。人間として本来あるべき姿、コミュニケーション能力がみるみるうちについてくる実践、そして、そのなかから生まれる、人を思いやる心等々…当然、続けたくなります／よさっぴタイムを時間割に組み込み、徹底したから続いていると思います。一定の型があったからこそ無理なく続けられたし、「同じことを全クラスが行っている」という安心感とともに、同じ方向を向こうという責任感がありました／1年間に何度も先生方でSST & SGEを体験する機会があったからです。体験をもとに、よさっぴタイムで生徒に行い、生徒の楽しむ様子を見て、自分自身も楽しみながらできたことが一番の理由です。先生たち同士で学び合う機会があると生徒目線に立てるのでありがたかったです／信頼できるリーダー(校長、教頭、教務主任、研究主任)がいたことです。リーダーが本当によく勉強し、それが全体に伝わってきました／やることが明確だったことです。現在の生徒の実態がはっきり出され、それを改善するための方法を考えればいい…

文化

ということが明確でした（先生方の人数が多いので、共通理解するには複雑なことは理解しにくいと思います）／実践開始以降、曽山先生が何度も依佐美中を訪問してくださり、生徒にも私たちにも心から接してくださったからです

　以上のような先生方の声から共通する部分を抽出し、「こうすれば実践を長く続けることができる」というポイントを次のように整理しました。

〈実践継続のためのポイント〉
○ 活動はシンプルで誰もが行える手軽なものにすること
○ 活動を時間割に組み込み、その実施を徹底すること
○ 教師自身が皆で何度も活動を体験する機会をもつこと
○ 管理職及び実践推進担当者が率先して活動に向き合うこと
○ スーパーバイザーとの強い連携のもとで活動を進めること

3．軌跡が奇跡を生み輝跡となる

　依佐美中の実践から学んだのは、「軌跡が奇跡を生み輝跡となる」ということです。先生方が生徒の「かかわりの力」を育むために、これまで様々に働きかけてきたことを振り返り見れば、それは確かな「軌跡」として跡に残り、つながってきていること。その「軌跡」が現在の「落ち着いて話を聴ける生徒」「男女仲良くかかわり合える生徒」という嬉しい成長、すなわち、実践開始当初の「このままでは生徒の心は次第に『荒れて』しまう」と心配された状態からは考えられないほどの「奇跡」を生み出したということ。そして、これまで8年間の依佐美中の実践にかかわった全ての人たちが、実践の「あの日、あの時」を思い起こしてみれば、それらがみな「輝跡」としてキラキラ輝いているということ。「軌跡が奇跡を生み輝跡となる」実践に出会えた私は本当に幸せです。

　「文化」とは「ある民族・地域・社会などでつくり出され、その社会の人々に共有・習得されながら受け継がれてきた固有の行動様式・生活様式の総体」（『明鏡国語辞典』）のことです。この意に沿えば、依佐美中の「よさ

§6 学校に「Slimple」プログラムという「文化」を創る

っぴタイム&よさっぴトーク」は、既に一つの「文化」であると言えます。私は、依佐美中が創り上げた、生徒のかかわりの力を育むための「素晴らしい文化」が全国各地に拡がっていくことを強く願っています。本書を手に取ってくださった皆さん、いかがですか？　私と一緒に、「○○タイム&○○トーク」すなわち「Slimple」プログラムという文化を創り上げていきませんか？

6

保護者と共に「文化」醸成に向かう学校；吉田小学校

1. 保護者という「車」が動くために

　学校に「Slimple」プログラムという「文化」を創り上げるために、保護者の理解・協力が得られたならば、「文化」の醸成は一気に進みます。「よしよしタイム＆よしトーク」実践を始めてわずかに１年の吉田小が全校「一枚岩」実践としての体制整備状況が良好なのは、保護者を「文化醸成のパートナー」にするための方策が奏功しているからです。具体的には、保護者に「〇〇タイム＆〇〇トーク」の実際を「見てもらうこと」（授業参観）、保護者に「〇〇タイム」を「体験してもらうこと」（親子よしよしタイム体験）の二つ。この二つの方策が実現したのは、「学校の日」案内チラシ（**資料**）により、保護者が、「おもしろそうだな」「参加してみようかな」と興味・関心をもったからです。私たちは、日々の授業においても、子どもという「車」が学びに向けて動き始めるために、興味・関心を喚起する様々な工夫をしています。保護者という「車」が学校との連携に動き始めるためにも同様に工夫が必要です。吉田小が考えた案内の工夫は、各校にとっても参考になることでしょう。

　動き始めた保護者は、「学校の日」当日のプログラム：「親子よしよしタイム体験」（平成30年6月16日9:40〜10:00）にどのように参加し、どのような感想をもったでしょうか。以下、その概要を紹介します。

2. 親子よしよしタイム体験

　保護者には、あらかじめ座席を指定したうえで、教務主任の進行のもと、「ネームゲーム（自己紹介ゲーム）」と「アドジャン」の二つを体験してもらいました。当日20分間の活動の流れは①〜⑬のとおりです。

資料

西尾市立吉田小学校

学校の日

平成30年6月16日(土)

スケジュール
公開授業　8:40〜9:25
よし²タイム体験　9:40〜10:00
講演会　10:00〜11:10

公開授業（道徳）
8:40〜9:25（各教室）

各教室で道徳の授業を行います。

　今年度から道徳が教科化になります。国語や算数などの教科とは少し違いますが、通知表に言葉による評価を記入します。
　授業で使用する資料に登場する人物の行動や気持ちにふれながら、「どうしたらいいのだろう。」「自分ならどうするだろう。」など、深く考えを巡らせます。正解は1つではありません。子どもたちの様々な見方・考え方によって、色々な答えが出てきます。
　保護者のみなさんも、子どもと一緒に考えてみませんか？
　なお、1時間目の時間帯のみ、図書室を開放します。語り合いたい方は図書室をご活用ください。

親子よし²タイム体験
9:40〜10:00（体育館）

　4月のPTA総会の折に公開しました「よしよしタイム」を、保護者のみなさんも体験してみませんか？
　授業参観後、体育館にて体験会を行います。当日は、5年生・6年生がみなさんの隣りで一緒にやります。子どもたちのやり方を手本にしながら、ゲーム感覚で体験してみましょう。普段から仲良くしている方の意外な一面が発見できたり、新しい友達関係ができたりします。
　教務主任が体験会全体の進行を行います。

親子で学ぼう！ネットモラル講演会
10:00〜11:10（体育館）

よしよしタイム体験会に引き続き、体育館で行います。
e-netキャラバンの方を講師に迎え、インターネットの安心・安全な利用を学びます。

　スマートフォンやタブレット端末、ゲーム機、PCなど、インターネットに接続できる機器は身近にあふれています。また、LINEをはじめFacebookやTwitterなどのSNSも情報発信・交換や連絡ツールとして、誰もが手軽に利用できるようになりました。ただ、便利になった反面、潜む危険性もこれまで以上に身近なものになっています。これらの機器を正しく使える知識と潜む危険性に対する認識を深めましょう。高学年の子どもたちも今後利用する機会が多くなると思います。講演会の前半は5年・6年の子どもたちも参加します。

①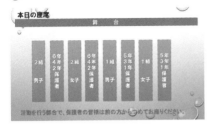

②

③

④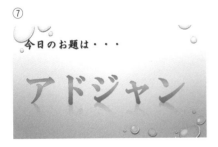

⑤ 座席番号

舞 台	
1番	2番
4番	3番

⑥
自己紹介をしましょう！
1番の人 「私の名前は、○○です。」
2番の人 「○○さんの隣の△△です。」
3番の人 「○○さんの隣の、△△さんの隣の□□です。」
4番の人 「○○さんの隣の、△△さんの隣の、□□さんの隣の●●です。」
全員で 「よろしくお願いします。」

自己紹介に好きな色を加えましょう！
2番の人 「私は、＿＿色が好きな△△です。」
3番の人 「＿＿色が好きな△△さんの隣の＿＿色が好きな□□です。」
　　（以下、→4番→1番の順で自己紹介をする。）
全員で 「よろしくお願いします。」

⑦ 今日のお題は・・・
アドジャン

⑧ 「アドジャン」のながれ
①座席番号の確認をする。
②あいさつをする。
③「アドジャン」のかけ声で0～5本の指を出す。
④出された指の合計の一の位の数と同じ番号のお題をはじめの子が読み上げる。
　最初の人：お題を言ってから、自分の答えを言う。
　他の人：うなずきながら、反応する。
⑤全員が質問に答えたら、③から繰り返す。
⑥同じお題になったら③をやり直す。
⑦時間が来たら、あいさつをして終わる。

§6 学校に「Slimple」プログラムという「文化」を創る

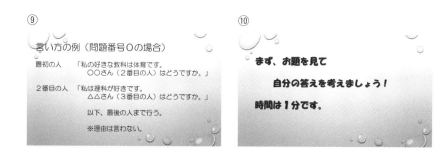

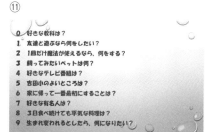

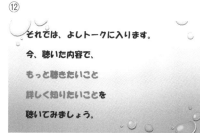

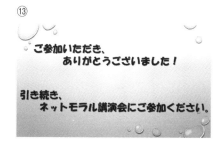

3. 参加した保護者の感想

次頁に当日参加した保護者の感想の一部をまとめたものを挙げておきます。

まず、保護者自身が楽しんでいたことが、「何だか新鮮な気持ちになれました」「初めて体験してとても楽しい時間を過ごすことができました」等の感想から見てとることができます。このように自分たちが「快」の感情を体験した活動であれば、よしよしタイムへの理解・協力の思いは強まります。また、「大人の自分でもいつもちゃんと『聴く』ということができていたのかなと改めて気づかされました」「子どもの話を聴くときも最後まで口をはさまずに聴くことができていなかった」「改めて、人とのふれあい、話を聴くことの大切さを感じられました」等、自分自身への気づきは、親である自分を見つめ直すきっかけにもなったことでしょう。そして、何よりも、よしよしタイムの意義について、「仲良くなるきっかけになったりするのにとても良い」「ゲームを通してコミュニケーションやディスカッションを学ぶこ

とができてとても良い」「コミュニケーションの力につながる良い経験になる」「よしよしタイムはすごい発想。だから、子どもたちが私の話を聴くとき、顔を見て聴く」等、十分に意義理解が進んだとともに、「『相手の目を見てしっかり聴く』を家庭のなかで習慣にしていきたい」等、家庭へのプラス波及効果が期待できる感想があったのも嬉しいことです。

〈親子よしよしタイム体験に参加した保護者の声〉
始まるまでは、初対面の方と向き合ったり、話したりするのに抵抗がありましたが、いざ始まってしまうとドキドキしながらも、何だか新鮮な気持ちになれました。話のルールが決めてあったので、大人でも入り込みやすかったです。子どもとも「お母さんは何色が好きって言ったの」「○○ちゃんは生まれ変わったら何になりたいって言ったの」と会話が弾みました（6年保護者）／初めて体験してとても楽しい時間を過ごすことができました。大人でも真剣になってしまいグループの皆さんとワイワイ話しながらコミュニケーションをとることができました（6年保護者）／初めて参加しましたが、大人の自分でもいつもちゃんと「聴く」ということができていたのかなと改めて気づかされました。楽しかったので今回参加されなかった保護者の方々も次回があればぜひ参加されるといいと思います（4年保護者）／実際にやってみると、口をはさまずに聴く、理由など余計なことを言わずに答えるなど思っていた以上に難しかったです。子どもの話を聴くときも最後まで口をはさまずに聴くことができていなかったので、「相手の目を見てしっかり聴く」を家庭のなかで習慣にしていきたいと思いました（4年保護者）／知らない人とでも一体感が生まれ、盛り上がりました。仲の良い人の意外なことが知れて楽しめました。よしよしタイムにより、普段はしゃべらないクラスメートともコミュニケーションがとれ、仲良くなるきっかけになったりするのにとても良いと思いました（4年保護者）／相手の話をよく聴いたり、自分のことを発言するのは難しいことだと思いますが、ゲームを通してコミュニケーションやディスカッションを学ぶことができてとても良いと思いました（5年保護者）／初対面の人と話をしました。楽しかったです。子どもにとっても緊張するかもしれませんが、相手を思いやったりいろんな意見があることを知ったり、コミュニケーションの力につながる良い経験になると思いました（6年保護者）／他の保護者の方とかかわりがもててよかったと思います。子どもたちの話を

聴くときにも意識したいと思いました（6年保護者）／「目を見て話を聴く」あたりまえの事だけど、友だち同士でやったら少し照れる感じでした。こういった少しずつの積み重ねが子どもたちが社会に出たときに役にたってくれると嬉しいです（6年保護者）／段階を踏んだコミュニケーションの取り方は目からウロコでした。大人ならではの緊張感もあり、人の話をしっかり聴こうと相手に集中したりされたりで変な汗をかきました。ゲーム感覚で楽しめました。おかげでラーメン屋さんを一軒知ることができました（1年保護者）／楽しかったです。知らない人とでも楽しんでコミュニケーションがとれるゲームで、自然と話すことに抵抗がなくなってきて、いいなあと思いました（4年保護者）／とても楽しい時間でした。<u>初めて会った方との距離を縮めるツールとしても、相手の事を知る良い方法だと思いました。</u>子どもたちにも自分の考えを伝える練習になったり、友だちの話を聴く練習になったり、<u>コミュニケーション能力を向上させる良い方法</u>だと思いました。とても良い体験ありがとうございました。（2年保護者）／<u>よしよしタイムはすごい発想</u>だなと思います。だから、子どもたちが私の話を聴くとき、顔を見て聴くのだとわかりました。学校がそうしてくれていたのですね。自然にできていくのが嬉しいです（2年保護者）／久しぶりに緊張もしましたが、楽しく過ごすことができました。人と会話することで、知らないこととか、ためになることもあってよかったです。<u>改めて、人とのふれあい、話を聴くことの大切さを感じられました</u>（1年保護者）／知らない人ともコミュニケーションがとれて楽しかったです。また仲の良い人でも知らない事を知ることができたりして、いい体験になりました。帰り道にママ友たちとよしよしタイムの話で盛り上がりました（1年保護者）

§7 各地に「Slimple」プログラムを拡げる

――私の願いの一つは「Slimple」プログラムが各地に拡がっていくこと。「そのための最良の策は何か？」と問われれば、「○○タイム＆○○トークの様子を実際に見てもらうこと」と答えます。熊本市立託麻東小学校研究発表会（平成30年10月10日）の「感動」の一部をお裾分けします。

7

各地に「Slimple」プログラムを拡げる

1. 研究発表会から飛んだ「綿毛」

　平成30年10月10日に開催された「平成29年度・30年度指定熊本市立託麻東小学校研究発表会」では、どの学級もかかわりを楽しむ子どもたちの笑顔で溢れました。当日300人を超えた参観者の感想アンケートのなかに、「我が校でも是非○○タイムに取り組みたい！」という数多くの言葉を見たとき、「きっと託麻東小という『タンポポ』から『綿毛』が飛び、やがて地に落ち、芽が出る」と感じ、嬉しくなりました。本書§3にて述べたように、「Slimple」プログラムが生まれたのは愛知県A小学校という「タンポポ」から飛んだ「綿毛」が刈谷市立依佐美中学校という地に落ちたからです。それと同じように、今度は「Slimple」プログラムが熊本から各地に拡がっていく……私は今、強くそのことを確信しています。

　熊本市立託麻東小学校（熊本市東区戸島、川上哲也校長）は、全校児童1,020人、1年生194人、6学級、2年生163人、5学級、3年生163人、5学級、4年生163人、5学級、5年生162人、5学級、6年生157人、4学級、特別支援学級（知的、自閉症・情緒、病弱、難聴）18人、5学級からなる市内で最も規模の大きな学校です（平成30年11月1日現在）。私は以前から熊本県・市の教育委員会主催研修会講師を務めておりましたが、平成28年度管理職対象研修会受講者であった後藤誠司校長先生（当時）が私の考えに共感してくださり、平成29年度より託麻東小とのご縁をいただき、今日に至っています。

　託麻東小の実践、及び研究発表会から学ぶことは多くあります。そのなかから、「生徒指導の3機能と『託東タイム＆たくトーク』」「託東タイム＆たくトークの成果〜研究発表会参観者の声から〜」「一枚岩実践へのヒント〜託麻東小の先生方の声から〜」という項目を立て、以下、整理します。

2. 生徒指導の3機能と「託東タイム&たくトーク」

　教育の目的は、「人格の完成を目指し…」（教育基本法第1条）と定められています。では、「人格」とは何でしょうか？　漠としたイメージで捉えられがちな「人格」について、坂本（1998）は「知識理解という資質を含む認識の領域」「手技的技能という資質を含む神経・筋肉の領域」「意欲・関心という資質を含む感情の領域」の3資質・3領域によって構成されると述べています。そのうえで、「人格形成を目指す教育活動は、『よくわからせる』『やり方を身につけさせる』『やる気を引き出す』という3拍子揃った指導を意図的・計画的に行うことである」と述べています。さらに、「生徒指導は、主に『意欲・関心』に対して働きかける。全教育活動において、『自己決定の場を用意する』『自己存在感を与える』『共感的関係を基盤にする』ことで意欲を育む（生徒指導の機能論）」とも述べています。

　託麻東小学校は、この生徒指導の3機能を研究仮説：「学習において、生徒指導の3機能を生かした指導の工夫を行えば、生き生きと学びに取り組む子どもが育つであろう」として設定し、「託東タイム&たくトーク」を日々の実践の核に据え、2年間取り組んできました。

　毎週水曜日の午後、10分間、各学級で展開される託東タイムを通して、「教師と子ども、子ども同士」の「共感的関係」は少しずつ育まれていきます。そして、その関係が基盤としてあるならば、子どもたちに「自己決定の場」を用意することも「自己存在感」を味わわせることもできるでしょう。また、たくトークでは、託東タイムによって育まれた「うなずき」等のソーシャルスキルにより、互いに安心感のある話し合いができ、「3機能がより良く機能する」場が生まれるでしょう。このように、託東タイムという「かかわりの花火」を打ち上げ、たくトークという「火のリレー」を続けた託東小の実践が、研究テーマ：「認め合い、高め合い、生き生きと学ぶ子どもの育成」として掲げた子どもたちの姿を生み、児童数1,000人を超える大規模校にもかかわらず、「平成30年度1学期不登校ゼロ」という成果につながった……私は、そのように捉えています。

(1) 託東タイム（短時間グループアプローチ）

```
託東タイム～子どもの関わり合う意欲と力を高めるために～
○目的
  子どもに関わりのスキルやコツを身に付けさせる。自己理解・他者理解を通じて、共感的な人間関係を育み、自尊感情を高める。
○実施日　毎週水曜日　13：25～13：35
○内容　おすすめ3つのプログラムを学期ごとに繰り返して行う。（ひと月1プログラム）
     ○　どっちをえらぶ　　　…　4月・9月（1・2年）・10月・1月
     ○　アドジャン　　　　　…　5月・9月（5・6年）・11月・2月
     ○　しつもんじゃんけん　…　6月・9月（3・4年）・12月・3月
・毎回、ペアやグループの構成を変えて多くの子どもと関われるようにする。
```

話合いのルールを伝える。

ペアでの活動

託東タイムの子どもの感想（小学校6年）
　私は託東タイムがあって本当に良かったと思う。そしてこの時間は、大切で必要な時間だと思った。なぜなら、託東タイムでは人とコミュニケーションをとって仲良く、楽しく話せる。一石二鳥でいいと思ったから。他にも知らなかった人と話ができる機会になり、知らなかった人としだいに仲良くなって友達になれる。
　また、アドジャンというゲームでは今まで知らなかった相手のことが分かる。逆に自分のことを相手に楽しく話せる。今まで考えたことのないことを相手に楽しく話せる。・・・（一部抜粋）

(2) たくトーク

　たくトークとは、託東タイムで身に付けたソーシャルスキル（挨拶、うなずき等）を活かし、ペアやグループで話し合いをすること。子どもたちは、教師の「これから3分間の『たくトーク』！」や「『託東タイム』の時のように2分間、隣の子と意見交換スタート！」等の言葉かけで、スムーズな話し合い

ができるようになってきています。

3. 託東タイム&たくトークの成果〜研究発表会参観者の声から〜

　研究発表会当日、託東タイム、たくトークを参観、分科会に参加した先生方の感想の一部を紹介します。

〈託東タイムについて〉
時間を要せず、簡単に誰もが取り組める実践を広めることが大事と感じた。学級の基盤はこのような支持的風土だと思えた／子どもたちが和やかにトークを楽しむ姿に感動した／今の子どもたちに不足している力、つけたい力の育成にそのままつながる実践であった／わずか1年の取り組みでここまで「一枚岩実践」&「子どもの成長」を見せていただけたこと…「お見事！」／継続は必ず子どもの心を動かし、生徒指導の3機能（自己決定感、自己存在感、共感的関係）がまさに「機能する」ということ、また、信じて活動することの大切さを感じた／中学校に入学してきても託東タイムを引き継いでいけたらと思った／家庭環境が厳しい子にとっては学校が本当に人とかかわる力を育む場であることがよくわかった

〈たくトークについて〉
託東タイムが授業に活かされ、話し合いだけで社会の授業が行われたことに凄さを感じた／託東タイムの実践により、ペア・グループ活動がとてもスムーズで、子どもたちはお互いの良いところにたくさん気づいていた／たくトークの際、相手の方を見て聴く、うなずくができていて素晴らしかった／隣の人に向かって膝を合わせ、にこにこ聴く様子を見て、自分の考えを話せる時間が確保されていること、聴き手が話を聴いてくれることは自尊感情の高まりにつながること、共感的関係が授業を通して育まれていることを感じた／授業中のたくトークの際、友だちと意見を交わさない子が一人もいないことに感動した／落ち着いて、表情よく、話し合い活動ができている子どもたちだった。大事に育てられた子どもたちを中学校でも同じように大事に伸ばしていきたい

4. 一枚岩実践へのヒント～託麻東小の先生方の声から～

　研究発表会後、50名を超える全校の先生方に自由記述アンケートを実施し、先生方の声から共通する部分を抽出することで見えてきた「一枚岩実践へのヒント」を以下に紹介します。「教員同士、様々な考えがぶつかり合い、なかなか『一枚岩』の実践ができない」等の声が多く聞こえる学校が、「軌道修正」するためにご活用いただければ嬉しく思います。

(1)　自由記述アンケート結果

〈全校共通の実践・研究を行ったこと〉
全校共通であるがゆえに、つい我流になりがちなところが防げて良かった／全員が同じ方向を向いて実践することはとても良いことと実感した／皆で一つのことに向かい統一してやり遂げるという意識が教師にも子どもにも拡がっていった／共通実践だからこそ、全教員が子どもに同じ言葉かけをすることができ、子どもにも指導が入りやすかった／同じやり方ゆえに先輩のやり方を見て学ぶことができた／全員が共通理解・実践することはこんなに大きな力になるんだとあらためて感じた／児童への指導のブレがなくなった／誰もがどの学級に入っても同じ声かけ、同じ指導ができるのがとても良かった／全体が同じ方向を向くからこそ、その成果が大きく違うのだと感じた

〈「一枚岩」になって取り組めた理由〉
研究主任が「このやり方で足並みを揃えて」と定期的に確認したから／曽山先生に何度も来校してもらい「一枚岩の大事さ」をうかがい、皆でやろうと気持ちが一つになったから／校長がよく「一枚岩」と口にし、それが意識づけになったから／誰でもできる内容だったから／日々の実践を重ねるなかで、子どもの成長をすごく感じられたから／現状を変えたいという教員の熱意があったから／やるべきことがシンプルでわかりやすかったから／曽山先生がことあるごとに「一枚岩」と言ってくださったから／皆で何度も託東タイムのやり方を共通確認したから／託東タイムの推進リーダーを決め、全校の方法を統一したから／「一枚岩」を唱え続けた管理職・研究主任のリーダーシップがあったから／お互いの志や思いに応えたいという人間関係のある教員集団だったから／曽山先生が活動の意義・理由・価値付けをしてく

§7 各地に「Slimple」プログラムを拡げる

ださり、それが皆にストンと落ちたから／活動に取り組むうちに子どもがみるみる変化し、必要感を教員が感じたから／毎週1回10分という枠が無理なく続けられるものであったから／曽山先生が「型を揃えること」を何度も指導してくださったから／お互いの学級の託東タイムを皆で見合うことで共通理解ができたから

〈託東タイム&たくトーク〉

託東タイムは日々の授業でも活用しやすい要素がたっぷり含まれている／託東タイムを続けることで雰囲気がよくなる／子どもたちが託東タイムをとても楽しみにしている／学力的には厳しい状況にある子どもも託東タイムには笑顔で参加している／いろいろな子ども同士を交流させることで自然と仲が良くなっている／以前、45分間のソーシャルスキル・トレーニングを取り入れて長続きせず、失敗した経験があったが、託東タイムは子どもが本当に変化し、楽しくて、もうなんとも言えない／子ども同士のかかわりが柔らかくなった／子ども同士のつながり、学級経営にも役立つので、他校に赴任しても続けたい／短い時間の活動なので子どもたちの心の負担が少なく、また友だちとかかわる喜びを感じている／たくトークは、教師が意図的に授業のなかでかかわりの場をもたせるという意識が大切／授業中のたくトークの際、うなずき、笑顔を「褒める・認める」（価値付け）ことでとても温かな雰囲気で学習できるようになった／本当にじんわり、漢方薬のように効いてきている／子どもたちの笑顔が増え、自分自身癒やされている／お互いを大切にする気持ちが育つ良い取り組みである／一斉学習スタイルから抜け出せない自分がいたが、たくトークを意識して取り入れてから子どもの表情が変わった／シンプルであることの大切さがよくわかった

〈児童の変容〉

友だちとかかわろうとしなかった子が笑顔で交わるようになり、活動を続けていくことで少しずつ確実に良い方向に成長している／子ども同士のきつい言い方が減ってきている／普段大人しい子が少しずつ周りとコミュニケーションをとれるようになった／人が話す方を自然に見るようになった／話すときに聴き手を意識して話すようになった／暴力ではなく話をして解決しようとする姿が増えた／自分のことを伝えることに意欲的に取り組む子どもが増えた／子ども同士が仲良くなり、学級の雰囲気も良くなった／普段話をしない子同士が話し、友だちの新たな一面を知ることで豊かな関係づくりにつながった／以前はグループ活動の際、「何を話していいか

わからない」という子が多かったが、今では「もう少し話したい」「みんなの前で発表したい」という積極的な姿が見られるようになった／相手を理解しようとする姿勢が見られるようになり、トラブルが随分減った／話すことへのハードルが低くなった子が増えてきた／以前はグループ活動の際、無言のまま終わることが多かった子が、それなりに言葉を伝える姿が見られるようになり、驚いた／人と話をするのを楽しんでいる子どもが増えた／友だちを認める態度や発言が増えてきた／子ども同士のかかわりが深まっていくのを実感した／一つ一つの行動にメリハリが出てきて、自分が今どうあるべきかを振り返ることができる子どもが増えてきた／授業中、ペアやグループ活動に、スムーズに入れる子どもが増えてきた／友だちとのトラブルで保健室に来室する子どもが昨年より減ってきた／肯定的な雰囲気の話し合いができるようになってきた／挨拶が全校的に増えてきた／週1回、託東タイムという楽しみができ、子どもたちは学校が楽しそう／ここ1、2年で学校全体が穏やかになり、子どもも教師も一人一人が優しくなってきた

(2) 一枚岩実践へのヒント

　自由記述アンケートの結果から共通する部分を抽出し、「一枚岩実践」を創り上げるためのヒントを次のように整理しました。

> ○管理職・研究主任が「一枚岩」の大切さを繰り返し、言い続けること
> ○やるべきことは「シンプル・わかりやすい」ものにすること
> ○やり方にズレが生じないよう、定期的に皆で確認する時間をとること
> ○定期的に子どもの変容を確認し、自分たちの取り組みの自信とすること
> ○外部専門家から活動の意義・理論背景について指導・助言を受けること

　「教員集団が『一枚岩』になれば必ず子どもが変わり、学級が変わり、学校が変わります」……この言葉を信じてみませんか？

5. 校長先生の言葉；「漢方薬」と「妙薬」

　研究発表会の終わりの挨拶で、川上哲也校長先生から、「託東タイムは、じわじわとかかわりの力を育む『漢方薬』であり、『妙薬』でもある」とい

うお話がありました。昨年、愛知県春日井市立西山小学校の堀部要子校長先生（当時）も、短時間グループアプローチの効果を「漢方薬」に例えてくださったことがありました。川上校長先生の話をうかがい、「やはり諦めずに実践を続けていくことが大切」という思いが強くなりました。また、妙薬とは「不思議な効き目のある薬」（『明鏡国語辞典』）のこと。子どもたちが週1回10分間、友だちや先生と一緒に「遊ぶだけ」（子どもは遊ぶが如し。しかし、教師はねらいをもって活動に臨んでいる）なのに、かかわりの力が自然に身についていくことが、今年度から着任された川上校長先生の目には「嬉しい不思議」として映っていたのかもしれません。

「漢方薬と妙薬」…今後、各地に「Slimple」プログラムを紹介する際に使わせていただきたい言葉です。

6. 今後の託麻東小に期待すること

アンケート結果等からわかるように、「託東タイム&たくトーク」の素晴らしさは、校内外の多くの先生方が実感し、認めています。もちろん、私もその一人であり、子どもたちにも先生方にも大きな拍手を送りたいと思います。その上で、これまでご縁をいただいた私が、今後の託麻東小に期待することは2点あります。

第1点は、§6にて紹介した依佐美中の「よさっぴタイム&よさっぴトーク」のように、「託東タイム&たくトーク」を「文化」として練り上げてほしいということです。「現状を打破したい」という熱い思いのもと、せっかく「一枚岩」になって実践し、成果を挙げた取り組みが、人事異動により人が変わると、わずか数年のうちに「キレイ・サッパリ」消えてしまうのは本当に残念なことです。本書で提言している「Slimple」プログラムの売りは、その言葉通り、「スリム・シンプル」であること。だからこそ、多忙感を抱える教師であっても日常的に活用できるものです。「どのようにすれば長く続けることができるのか」「どのようにすれば『文化』になり得るのか」という問いへのヒントは、依佐美中、吉田小が示してくれています。両校の取り組みを参考に、「Slimple」プログラムの「大規模校モデル校」として、いつまでも私が各地に紹介できる託麻東小であってほしいです。

第2点は、「中1ギャップ解決の王道」として、私が提言している「小中連携」の一歩を踏み出してほしいということです。託麻東小は近接する中学校と「1小1中」であるため、卒業生はほぼ全員が同じ中学校に進学します。§2にて紹介した桜ヶ丘中は四つの小学校が一つになる学校です。その桜ヶ丘中学校区で「Slimple」プログラムによる小中連携が展開され、大きな成果を挙げているのですから、その後を追わない手はありません。10月10日の研究発表会に参加した中学校の先生の声として、「中学校に入学してきても託東タイムを引き継いでいけたらと思った」「落ち着いて、表情よく、話し合い活動ができている子どもたちだった。大事に育てられた子どもたちを中学校でも同じように大事に伸ばしていきたい」というものがありました。是非、先生方の心に、小中連携への「思いの火種」があるうちに一歩を踏み出してほしいです。
　以上、2点、私の願いを、「期待」という言葉に込めてみました。もし、私の願いが叶うならば、私ができるお手伝いは喜んでさせていただきます。

§8　演習関係資料

――四つの演習について、吉田小学校が実際に使用している「指導案」等を紹介します。各演習の出典は「エンカウンターで学級が変わる」シリーズ（國分康孝監修、図書文化社、引用・参考文献§3参照）等であり、吉田小では子どもたちの実態に合わせてアレンジして活用しています。

質問ジャンケン

1. 準備（1分）

お題を見て 答えを考える

2. 質問ジャンケン①（30秒）

ペアで向かいあって あいさつからスタート！

質問ジャンケン ②

じゃんけんする

質問ジャンケン ③

勝った人だけ質問できる
負けた人は短く答える
時間いっぱいくり返す

3. ○○トーク（1分半）

きいた内容でもっと知りたいこと
ききたいことを話してみる

質問ジャンケン

形態　ペア
中心となるねらい　・あいさつをする　・相手の顔を見て聴く　・うなずきながら聴く

流れ	指導内容	指導上の留意点
①約束の確認	・お願いします＆ありがとう ・うなずいて聴く ・にこにこ笑顔	・黒板に「よしよしタイムの約束」のカードを貼って確認をする。
②めあての確認 （①②あわせて1分）	今日のよしよしタイムは「質問ジャンケン」です。 今日のめあては「相手の顔を見て聴く」「うなずいて聴く」です。	・子どもたちの聴く姿勢ができるまで待つ。 ・指示は1度だけ。 ・めあてのカードを黒板に貼る。
③モデリング （お題と話型を提示）（3分）	今から二人の子たちに見本を見せてもらいます。 ①二人は向き合ってジャンケンをし、勝った人がお題を一つ選んで質問をする。 　（例）1　好きな給食 　　　　2　よく見るテレビ番組 　　　　3　よく食べるおやつ 　　　　4　好きなおにぎりの具 　　　　5　行ってみたい国 ②負けた人は簡単に短く答える 〈話型〉「○○さんは、〜ですか。」 　　　　「私は〜です。」 ③ペアを交代する。	・モデリング用にお題は黒板に掲示する。（各学年用） ・勝った子だけが質問できることを確認する。 ・お題は上から順にこなすよう伝える。 ・相手の気持ちを考えて、否定的な反応はしないことを例に挙げて確認する。 ・ジャンケンの勝ち負けにこだわらないように声をかける。 ・4人グループのなかで新しいペアを作る。
④質問じゃんけん（7分）	黒板に掲示されているお題を見て、答えを考えましょう。（1分） ペアの子と向かい合ってください。時間は30秒です。 あいさつをして始めましょう。 （30秒タイマーセット） 終了してください。 「よしトーク」に入ります。 聴いた内容で、もっと聴きたいこと、詳しく知りたいことを聴いてみましょう。（1分半） あいさつをして、次のペアに交代します。	・お題を黒板に掲示する。 ・紙に書かせると紙を見て話すので、頭のなかで考えさせる。 ・子どもたちが向き合うまで待ってから始める。 ・盛り上がりすぎてめあてを忘れている場合は、中断をして再確認をさせる。 ・よい聴き方をしている場面を捉えて賞賛する。 ・活動時間は学年の実態に応じて調整をする。
⑤ふりかえり（4分）	今日の活動のふりかえりを書きましょう。	・配布時には「はいどうぞ」「ありがとう」と一言添える。

質問ジャンケン　お題集

〈好きな○○〉

　　勉強　　　　　　　　　放課の遊び
　　アニメ　　　　　　　　ジュース
　　季節　　　　　　　　　本
　　おかし　　　　　　　　パン
　　妖怪　　　　　　　　　教科
　　給食　　　　　　　　　芸能人
　　番組　　　　　　　　　家での遊び
　　色　　　　　　　　　　アイス
　　おにぎりの具　　　　　季節
　　乗り物　　　　　　　　キャラクター
　　スポーツ

〈よく○○〉

　　行く店　　　　　　　　見るテレビ番組
　　聞く音楽　　　　　　　食べるおやつ

〈その他〉

　　誕生日　　　　　　　　自分のくせ
　　宝物　　　　　　　　　学校の中でほっとする場所
　　放課によくすること

8

二者択一（どちらをえらぶ）

1. 準備

考える時間（1分）

2. どちらをえらぶ（2分半）

ひとつのお題について 話型を用いて
順番に話をしていく
時間いっぱいお題を進めて話をしていく

3. ○○トーク（2分半）

二者択一（どちらをえらぶ）

形態　ペアまたはグループ
中心となるねらい　・あいさつをする　・相手の顔を見て聴く　・うなずきながら聴く

流れ	指導内容	指導上の留意点
①約束の確認	・お願いします＆ありがとう ・うなずいて聴く ・にこにこ笑顔	・黒板に「よしよしタイムの約束」のカードを貼って確認をする。
②めあての確認 （①②あわせて1分）	今日のよしよしタイムは「二者択一（どちらをえらぶ）」です。 今日のめあては「相手の顔を見て聴く」「うなずいて聴く」です。	・子どもたちの聴く姿勢ができるまで待つ。 ・指示は1度だけ。 ・めあてのカードを黒板に貼る。
③モデリング （お題と話型を提示）（3分）	今から4人の子たちにやってもらいます。 1　クジラ　　　　イルカ 2　夏休み　　　　冬休み 3　クリスマス　　正月 4　サンドイッチ　おにぎり 5　ホテル　　　　旅館 〈話型〉 「私は○○を選びました。」 「なぜかというと～だからです。」 「△△さんはどちらですか。」	・モデリング用の題は黒板に掲示する。 ・お題は上から順にこなすよう伝える。 ・全員が自分の意見を言ったら、次のお題に進むよう伝える。 ・話し始める人は、お題ごとに入れ替わるよう伝える。 ・相手の気持ちを考えて、否定的な反応はしないことを例に挙げて確認する。 ・2回目以降は説明・モデリングは実状に応じて省略してもよい。子どもの表情を確認する。
④どちらをえらぶ（7分）	黒板に掲示されているお題を見て、答えを考えましょう。（1分間） グループの子と向かい合ってください。時間は2分半です。あいさつをして始めましょう。 （2分半タイマーセット） 終了してください。 「よしトーク」に入ります。 聴いた内容で、もっと聴きたいこと、詳しく知りたいことを聴いてみましょう。（2分半）	・お題を黒板に掲示する。 ・紙に書かせると、紙を見て話すので、頭のなかで考えさせる。 ・子どもたちが向き合うまで待ってから始める。 ・盛り上がりすぎてめあてを忘れている場合は、中断をして再確認をさせる。 ・よい聴き方をしている場面を捉えて賞賛する。 ・活動時間は学年の実態に応じて調整をする。
⑤ふりかえり（4分）	今日の活動のふりかえりを書きましょう。	・配布時には「はいどうぞ」「ありがとう」と一言添える。

二者択一（どちらをえらぶ）　お題集

〈動物・植物〉
　　犬・猫　　　　　　　　　　　　ウサギ・リス
　　サメ・イルカ　　　　　　　　　クジラ・イルカ
　　タンポポ・チューリップ　　　　ヒマワリ・アジサイ

〈学校生活〉
　　おにごっこ・ドッジボール　　　すべり台・鉄棒
　　国語・算数　　　　　　　　　　音楽・図工

〈乗り物〉
　　自動車・電車　　　　　　　　　飛行機・新幹線

〈食べ物〉
　　ケーキ・まんじゅう　　　　　　うどん・パスタ
　　せんべい・クッキー　　　　　　米・パン
　　うどん・ラーメン　　　　　　　焼き肉・すき焼き
　　おにぎり・サンドイッチ　　　　唐揚げ・とんかつ
　　とんかつ・えびフライ　　　　　牛肉・豚肉
　　やきとり・フライドチキン　　　カレーライス・ハンバーグ
　　ラーメン・パスタ　　　　　　　ピザ・お好み焼き
　　天ぷら・フライ　　　　　　　　焼きそば・パスタ
　　味噌汁・コーンスープ　　　　　抹茶・コーヒー
　　緑茶・麦茶　　　　　　　　　　いちご・ぶどう
　　みかん・オレンジ　　　　　　　りんご・なし
　　メロン・パイナップル　　　　　もも・バナナ

〈生活〉
　　洋室・和室　　　　　　　　　　ベッド・ふとん
　　畳・床　　　　　　　　　　　　ストーブ・ファンヒーター
　　はし・スプーン　　　　　　　　こたつ・ストーブ

〈色〉
　　赤・白　　　　　　　　　　　　赤・青
　　黒・白　　　　　　　　　　　　金・銀

〈その他〉
　　夏・冬　　　　　　　　　　　　春・秋
　　山・海　　　　　　　　　　　　朝・夜
　　太陽・月　　　　　　　　　　　男・女
　　池・湖　　　　　　　　　　　　夏休み・冬休み
　　クリスマス・お正月　　　　　　土曜日・日曜日

8

アドジャン

※アドジャンとは

1. 準備

2. アドジャン①

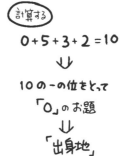

アドジャン②

3. ○○トーク (2分半)

アドジャン

形態　グループ
中心となるねらい　・あいさつをする　・相手の顔を見て聴く　・うなずきながら聴く

流れ	指導内容	指導上の留意点
①約束の確認	・お願いします＆ありがとう ・うなずいて聴く ・にこにこ笑顔	・黒板に「よしよしタイムの約束」のカードを貼って確認をする。
②めあての確認 （①②あわせて1分）	今日のよしよしタイムは「アドジャン」です。 今日のめあては「相手の顔を見て聴く」「うなずいて聴く」です。	・子どもたちの聴く姿勢ができるまで待つ。 ・指示は1度だけ。 ・めあてのカードを黒板に貼る。
③モデリング （お題と話型を提示）（4分）	今から4人の子たちに見本を見せてもらいます。 ①座席番号の確認をする。　1　2 　　　　　　　　　　　　　3　4 ②あいさつをする。 ③「アドジャン」のかけ声で0～5本の指を出す。 　（1・2年は0～3本で行う） ④出された指の合計の1の位の数と同じ番号のお題をはじめの子が読み上げる。 　1番の人：お題を言ってから、自分の答えを言う。 　他の人：うなずきながら、反応する。 　1番の人「〇〇さんはどうですか。」 　2番の人：自分の答え 　　　　　以下、3番、4番と繰り返す。 ⑤一巡したら2番の人からはじめて繰り返す。 　同じ数字になったら、違う数字になるまでアドジャンを繰り返す。	・モデリング用の題は黒板に掲示する。 （各学年用） 0：出身地 1：好きな食べ物 2：誕生日 3：趣味 4：行ってみたい国 5：おすすめの本 6：好きな芸能人 7：苦手なもの 8：ちょっとした自慢 9：休日にしたいこと ・相手の気持ちを考えて、否定的な反応はしないことを例に挙げて確認する。 ・お題を見ずに相手の顔を見て話す。
④アドジャン （6分）	黒板に掲示されているお題を見て、答えを考えましょう。（1分間） グループの子と向かい合ってください。時間は2分半です。あいさつをして始めましょう。 （2分半タイマーセット）終了してください。 「よしトーク」に入ります。 聴いた内容で、もっと聴きたいこと、詳しく知りたいことを聴いてみましょう。（2分半） あいさつをして、終わります。	・お題を黒板に掲示する。 ・紙に書かせると、紙を見て話すので、頭の中で考えさせる。 ・子どもたちが向き合うまで待ってから始める。 ・盛り上がりすぎてめあてを忘れている場合は、中断をして再確認をさせる。 ・よい聴き方をしている場面を捉えて賞賛する。「うなずいて、反応できているね」 ・時間は学年の実態に応じて調整をする。
⑤ふりかえり （4分）	今日の活動のふりかえりを書きましょう。	・配布時には「はいどうぞ」「ありがとう」と一言添える。

アドジャン　お題集

- ○○小学校で好きなところは？
- 家に帰って一番はじめにすることは？
- 今、一番食べたいものは？
- 家で何をしている時が楽しい？
- 今、一番欲しいものは？
- 今までで、一番うれしかったことは？
- 遊園地にある好きな乗り物は？
- 海の生きもので見たいものは？
- 今、一番行きたいところは？
- 今、一番楽しみにしていることは？
- 遠足に持っていきたいおやつは？
- 一つだけ夢が叶うとしたら、何をお願いする？
- 海に行ったら、何をしたい？
- 山に行ったら、何をしたい？
- 雪が降ったら、何をしたい？
- お小遣いがもらえたら、何を買いたい？
- 最近、気になったニュースは？
- 好きなキャラクターは？
- 好きな有名人は？

いいとこ四面鏡（いいとこみつけ）

1. 説明

2. いいとこみつけ

- カードの①に自分の名前を書く
- 時計回りに回ってきた隣の人の カードの②に自分の名前を書く
- カードの持ち主（①の名前の人）の いいところを2つだけ丸をつける できたらカードをふせる
- 先生の合図で時計回りにカードを回す

3. 自分のいいところ確認

自分のカードを
じっくり見る

4. ○○トーク（3分）

カードを見て思ったことや感想を
グループでトークする

いいとこ四面鏡（いいとこみつけ）

形態　グループ
中心となるねらい　・友だちや自分のよいところを見つける

流れ	指導内容	指導上の留意点
①約束の確認	・お願いします＆ありがとう ・うなずいて聴く ・にこにこ笑顔	・黒板に「よしよしタイムの約束」のカードを貼って確認をする。
②めあての確認 （①②あわせて１分）	今日のよしよしタイムは「いいとこ四面鏡（いいとこみつけ）」です。 今日のめあては「友だちや自分のよいところをみつける」です。	・子どもたちの聴く姿勢ができるまで待つ。 ・指示は１度だけ。 ・めあてのカードを黒板に貼る。
③いいとこみつけ（説明と実施）(10分)	(1) ４人組になります。 (2) 自分のいいとこみつけカードの①の所に名前を書きます。 (3) グループみんなで「お願いします」を言い、カードを裏返しにして、時計回りに隣の人に渡します。 (4) 受け取ったカードの②に自分の名前を書きます。 (5) 受け取ったカードの持ち主のよいところを２つだけ○をつけます。 (6) 記入できたらカードを裏にして静かに待ちます。 (7) 先生の合図で「お願いします」と言い、次の人にカードを渡し、同じことを繰り返します（２人目のカードは③、３人目のカードは④に自分の名前を書きます）。 (8) カードが１周して自分の所に戻ったら、静かに待ちます。 (9) 自分のカードをじっくり見ます。(１分) (10) 自分のカードを見て思ったことや感想をグループで話し合ってみましょう。 （よしトーク）(３分)	○一指示一動作を繰り返す。 ・いいとこみつけカードは黒板に掲示する。 ・記入するところを示していく。 ・カード交換の際は、一斉に「お願いします」を言って渡すよう伝える。 １：大きな声であいさつをしている ２：明るい ３：字をていねいに書く ４：授業中よく手をあげる ５：給食は、残さず食べる ６：大きな声で歌を歌える ７：係の仕事をきちんとやる ８：いつも笑顔でいる ９：おもしろい 10：親切 ・活動中は黙って行うことと、カードは人に見せないことを確認する。 ・全員が記入できたところで合図を出す。 ・３人グループの場合は４人グループ終了まで静かに待つよう伝える。 ・友だちがつけてくれた○に対して「ありがとう」という気持ちで見ることが大切であると伝える。 ・落ち着いた雰囲気をつくり、互いに思ったことを共有し合える場にする。
④ふりかえり(４分)	今日の活動のふりかえりを書きましょう。	・配布時には「はいどうぞ」「ありがとう」と一言添える。

いいとこ四面鏡（いいとこみつけ）　お題集

- 元気がいい
- おもしろい
- やさしい
- 明るい
- 歌が好き
- 笑顔がいい
- 本をたくさん読む
- 声が大きい
- 好き嫌いがなく食べられる
- そうじをしっかりやれる
- 大きな声であいさつをしている
- しっかり話を聴いている
- 動物にやさしい
- 誰とでも仲良くしている
- 頑張り屋
- 一緒にいて楽しい
- 授業中によく手をあげる
- 給食を残さず食べている
- 落ち着いている
- よく働いている
- 笑顔が多い
- 親切
- よく気がつく
- 下級生に人気がある
- よく友だちを励ましている
- 遊びに誘ってくれる
- 授業中の姿勢がよい
- 一緒に喜んでくれる
- さわやか
- 整理整頓ができる
- 友だちをよく手伝っている
- 困っている友だちを助けている

§8 演習関係資料

いいとこ四面鏡（いいとこみつけ）
（1・2ねん）

【① 　　　　】さんの いいところ	②	③	④
1　おおきなこえで あいさつをしている			
2　げんきがいい			
3　おもしろい			
4　やさしい			
5　うたがすき			
6　そうじをしっかりやれる			
7　だれとでもなかよくしている			
8　いっしょにいてたのしい			
9　すききらいなくたべられる			
10　えがおがいい			

いいとこ四面鏡（いいとこみつけ）
（3～5年）

【①　　　　　】さんの　いいところ	②	③	④
1　大きな声であいさつしている			
2　明るい			
3　字をていねいに書く			
4　授業中よく手をあげる			
5　給食は残さず食べる			
6　大きな声で歌を歌える			
7　係の仕事をきちんとやる			
8　いつも笑顔でいる			
9　おもしろい			
10　親切			

いいとこ四面鏡（いいとこみつけ）
（6年）

【① 　　　　　】さんの　いいところ	②	③	④
1　大きな声であいさつしている			
2　話を最後まで聴く			
3　がんばり屋			
4　いつも笑顔でいる			
5　「ありがとう」を言える			
6　気持ちのよい返事をしている			
7　おもしろい			
8　誰とでも仲よくしている			
9　友だちをはげましている			
10　自分の意見が言える			

◆引用・参考文献◆

《§1》
(1) 有村久春「中1問題」松原達哉編『カウンセリング実践ハンドブック』202～203頁、丸善、2011年。
(2) 石川信一・山下朋子・佐藤正二「児童生徒の社会的スキルに関する縦断的研究」『カウンセリング研究40』38～50頁、日本カウンセリング学会、2007年。
(3) 川西陽子「セルフ・エスティームと心理的ストレスの関係」『健康心理学研究 Vol.8 No.1』22～30頁、日本健康心理学会、1995年。
(4) 児島邦宏・佐野金吾編『中1ギャップの克服プログラム』33～35頁、明治図書出版、2006年。
(5) 文部科学省「平成29年度児童生徒の問題行動・不登校等生徒指導上の諸課題に関する調査結果について」2018年。
(6) 嶋田洋徳『小中学生の心理的ストレスと学校不適応に関する研究』風間書房、1998年。
(7) 曽山和彦「学校不適応予防に向けたコンサルテーション活動に関する研究——構成メンバーの特性抽出を中心に」中部学院大学大学院人間福祉学研究科人間福祉学専攻博士学位論文、2010年。
(8) 曽山和彦「中1プロブレムに関する調査研究—学級適応感の比較から—」『教育カウンセリング研究第5巻第1号』55～62頁、日本教育カウンセリング学会、2013年。
(9) 戸ヶ崎泰子・岡安孝弘・坂野雄二「中学生の社会的スキルと学校ストレスとの関係」『健康心理学研究 Vol.10 No.1』23～32頁、日本健康心理学会、1997年。
(10) 渡辺弥生『中1ギャップを乗り越える方法——わが子をいじめ・不登校から守る育て方』146～148頁、宝島社、2015年。

《§2》
(1) 中宇地昭人「小中兼務教員を核とする学園構想～鳥取市立桜ヶ丘中学校区の小中連携」『月刊生徒指導』2018年1月号、18～23頁、学事出版。
(2) 河村茂雄『たのしい学校生活を送るためのアンケート「Q-U」実施・解釈ハンドブック（中学校編）』図書文化社、1999年。
(3) 「人間関係づくりや対話力伸ばそう」「日本海新聞」2017年10月18日付朝刊。

《§3》
(1) 河村茂雄『グループ体験によるタイプ別！学級育成プログラム（中学校編）——ソーシャルスキルとエンカウンターの統合』153頁、図書文化社、2001年。
(2) 國分康孝監修、片野智治編集『エンカウンターで学級が変わる　中学校編——グループ体験を生かしたふれあいの学級づくり』134〜135頁、図書文化社、1996年。
(3) 國分康孝監修、國分久子・飯野哲朗他編集『エンカウンターで学級が変わる——ショートエクササイズ集』112〜113頁、図書文化社、1999年。
(4) 國分康孝監修、河村茂雄・朝日朋子他編集『エンカウンターで総合が変わる　小学校編——総合的な学習のアイディア集』48〜49頁、図書文化社、2000年。
(5) 齋藤孝『呼吸入門』60〜61頁、角川書店、2003年。
(6) 曽山和彦『時々、"オニの心"が出る子どもにアプローチ 学校がするソーシャルスキル・トレーニング』 明治図書出版、2010年。
(7) 曽山和彦「朝の会を活用した短時間のグループ体験が小学校1年児童の学級適応に及ぼす効果」『名城大学教職センター紀要第10巻』27〜36頁、2013年。
(8) 曽山和彦「小学校5年児童を対象とした短時間グループアプローチの実践」『名城大学教職センター紀要第11巻』27〜34頁、2014年。
(9) 曽山和彦「中学生を対象とした短時間グループアプローチの実践とその効果」『名城大学教職センター紀要第12巻』19〜30頁、2015年。
(10) 曽山和彦「『気になる子』が在籍する学級における短時間グループアプローチの実践と効果」『名城大学教職センター紀要第13巻』53〜62頁、2016年。
(11) 曽山和彦『学校と創った教室でできる関係づくり——「王道」ステップ　ワン・ツー・スリーⅡ』文溪堂、 2016年。

《§4》
(1) 川島一夫『発達を考えた児童理解・生徒指導——10歳までの教える生徒指導・10歳からの考えさせる生徒指導』18〜19頁、福村出版、1997年。
(2) 岸見一郎『アドラー心理学入門——よりよい人間関係のために』ベストセラーズ、1999年。
(3) 國分康孝『構成的グループ・エンカウンター』誠信書房、1992年。
(4) 國分康孝『論理療法の理論と実際』誠信書房、1999年。
(5) 國分康孝他『エンカウンターとは何か——教師が学校で生かすために』図書文化社、2000年。

(6) 國分久子監修・國分康孝著『構成的グループエンカウンターの理論と方法——半世紀にわたる探究の成果と継承』図書文化社、2018年。
(7) 諸富祥彦『学級再生のコツ——カウンセリング・テクニックで上手な学級づくり』23頁、学習研究社、2000年。
(8) 野田俊作・萩昌子『クラスはよみがえる——学校教育に生かすアドラー心理学』創元社、1989年。

《§5》
(1) 國分康孝『カウンセリングの理論』誠信書房、1981年。
(2) 野中信行・横藤雅人『必ずクラスがまとまる教師の成功術！——学級を安定させる縦糸・横糸の関係づくり』学陽書房、2011年。
(3) 親野智可等『「叱らない」しつけ——子どもがグングン成長する親になる本』85〜88頁、PHP研究所、2006年。
(4) 嶋崎政男×諸富祥彦「成長を促す教育相談〜子どもを『決して切らない見捨てない』姿勢で」諸富祥彦編『これからの学校教育を語ろうじゃないか——学校における人格形成と育てたい資質・能力』図書文化社、2015年。
(5) 曽山和彦『時々、"オニの心"が出る子どもにアプローチ2　気になる子に伝わる言葉の「番付表」』明治図書出版、2013年。

《§7》
(1) 坂本昇一『「子どもの心」を癒し育てる』12〜16頁、小学館、1998年。
(2) 「平成30年度熊本市立託麻東小学校研究紀要」2018年。

おわりに

師二人からの教え

　私は今年度、教師生活35年目を迎えました。振り返ってみると、どれだけ多くの方々にお世話になったか数え切れないほどです。様々な指導や助言、叱咤激励等があり、今の私があるのだとあらためて感謝の思いが湧いてきます。そうした方々のなかでも、特に学びの師と言えるのは、國分康孝先生、堅田明義先生のお二人です。

　國分先生には構成的グループ・エンカウンターをはじめとする教育カウンセリングについて多くのご指導をいただきました。先生からは講義や執筆のポイントとして、「定義をクリアにする」「例を挙げる」「自己主張する」「気づきを語る」ことの大切さを学びました。先生は昨年4月19日にお亡くなりになりましたが、私はこれからも先生の教えを忘れず、学びを深めていくと心に決めています。また、堅田先生には大学学部の卒業論文指導、大学院の博士論文指導において特別支援教育に関する多くのご指導をいただきました。先生からは「研究で大切なことは『簡潔性』と『日常性』。研究知見が他者に伝わるには簡潔な言葉による説明が必要であるとともに、他者が自分たちの日常に照らし合わせ、うなずきながら聴くことができるような具体性を伴った言葉による説明が必要である」ということを学びました。本書は両先生からの教えをできるだけ忠実に追いながら…という思いで綴りました。中1ギャップ解消に関する私の考えが皆さんに伝わったならば幸いです。

素晴らしい実践との出会い

　私が本書を執筆することができたのは、各地の素晴らしい実践と出会えたからです。なかでも愛知県刈谷市立依佐美中学校、愛知県西尾市立一色中学校、鳥取県鳥取市立桜ヶ丘中学校、三重県四日市市立三重平中学校、愛知県西尾市立米津小学校、愛知県春日井市立西山小学校、愛知県西尾市立吉田小学校、熊本県熊本市立託麻東小学校との出会いは、私にとって「人生の宝」となりました。そして、各校の先生方から提供していただいた貴重な資料や

データが本書を支える「太い柱」ともなりました。私は、この出会いを大切に、いつまでも各校の応援をさせていただきたいと思っています。本当にありがとうございました。

教育開発研究所とのご縁

　私が初めて教育開発研究所とのご縁をいただいたのは、『気になる子への対応術』（2008年）の編集でした。その後も「気になる子」シリーズとして4冊の編集を担当させていただき、どれも多くの執筆者とともに「優しい」雰囲気の本を創ることができ、とても嬉しく思っています。福山孝弘社長にはこれまでのお声かけに感謝するとともに、今回、編集部の岡本淳之さん、山本政男さんには大変お世話になりました。平成最後の年度に、こうして単著を執筆するご縁をいただきましたこと、あらためて御礼申し上げます。

家族の支え

　早いもので大学教員としての単身赴任生活12年目となりました。私が毎日全力で仕事に向きあえるのは、秋田に離れて暮らす妻（晃子）の様々なサポートがあるからです。また、今では生活の全てに介助が必要となった母（博子）ですが、入所している高齢者住宅が家から近いため、毎朝、会いに行くことができるのは幸いです。ある本で「介護とは親が命がけでする最後の子育て」（言：いわふちひでとし氏）と学びましたが、まだまだ母に育ててもらっていると感じる私です。さらに、義父母（昭二郎・ツマ）、息子夫婦（泰賀・翡衣）も常に私の体調を気にかけてくれます。孫（新）も3歳になり、その元気さが私の元気にもつながっています。何があっても、どんな時でも、私の「応援団」でいてくれる家族に感謝です。

　そして最後に……私の思いを素敵なイラストとして描いてくださったMOEさん、ありがとうございました。

　　　　　　　　　　　　平成31年3月　平成最後の桜を心待ちにしながら

　　　　　　　　　　　　　　　　　　　　　　　曽山　和彦

誰でもできる！　中１ギャップ解消法

2019年4月1日　第1刷発行

著者―――――――曽山和彦
発行者―――――――福山孝弘
発行所―――――――㈱教育開発研究所
　　　　　　　　　〒113-0033　東京都文京区本郷2-15-13
　　　　　　　　　TEL　03-3815-7041（代）FAX　03-3816-2488
　　　　　　　　　http://www.kyouiku-kaihatu.co.jp
　　　　　　　　　E-mail=sales@kyouiku-kaihatu.co.jp
装幀―――――――長久雅行
イラスト――――――MOE　E-mail=halloweenaddiction@gmail.com
印刷所―――――――中央精版印刷株式会社
編集人―――――――山本政男

ISBN978-4-86560-504-4　C3037
落丁・乱丁本はお取り替えいたします。
定価はカバーに表示してあります。